Taschenbücher zur Musikwissenschaft

110

Taschenbücher zur Musikwissenschaft
Herausgegeben von Richard Schaal
110

FLORIAN NOETZEL VERLAG

»Heinrichshofen-Bücher« · Wilhelmshaven

Bernd Göpfert

Handbuch
der
Gesangskunst

FLORIAN NOETZEL VERLAG

»Heinrichshofen-Bücher« · Wilhelmshaven

Für Ruth und Hanno

CIP-Titelaufnahme der Deutschen Bibliothek

Göpfert, Bernd:
Handbuch der Gesangskunst / Bernd Göpfert. —
Wilhelmshaven
: Noetzel, Heinrichshofen-Bücher, 1988
(Taschenbücher zur Musikwissenschaft ; 110)
ISBN 3-7959-0509-5

NE: GT

Inhaltsverzeichnis

Vorwort

Im Zentrum dieses Buches steht das Wort-Ton-Kunstwerk und seine klangliche Realisation durch den singenden Menschen. Die in sich abgeschlossenen, aber aufeinander bezogenen Kapitel beschäftigen sich unter verschiedenen Gesichtspunkten mit solistischer Vokalmusik vom 16. bis 20. Jh. und mit der menschlichen Stimme als einem Mittel, das Kunstwerk aus seiner notierten Starre zu erlösen und sinnlich erfahrbar werden zu lassen. In gedrängter Form will diese Schrift zu weiterer selbständiger Auseinandersetzung mit der Materie anregen, wozu auch das Literaturverzeichnis am Ende jedes Kapitels verhilft. Alles Theoretisieren darf aber nicht dazu führen, die ursprüngliche Lust am Singen zu verlieren: das Arbeiten am freien Ton und am In-Klang-Setzen des Werkes sollte vielmehr diese Lust steigern.

In der Einleitung wird das die Vokalmusik prägende Belcanto-Stimmideal dargestellt und seine Verknüpfung mit der Operngeschichte beleuchtet. Mit Hilfe der alten gesangstheoretischen Schriften können die Forderungen an eine gute Stimme zur Sprache gebracht werden.

Das erste Kapitel versucht, die rationalen Grundlagen der Stimmbildung aufzuzeigen und berücksichtigt dabei vor allem die Ergebnisse der neueren Stimmforschung. Es wird keine Stimmbildungslehre entworfen; es werden vielmehr Ansatzpunkte für eine Kultivierung der Singstimme, die als ein Ausdrucks-Organ des komplexen Menschen anzusehen ist, vermittelt.

Sinn des zweiten Kapitels ist es, dem Nicht-Notierten im Werk auf die Spur zu kommen. Es soll keine historische Aufführungspraxis restauriert, aber ein Begriff von der Lebendigkeit alten Musizierens gegeben werden, das vom Sänger wesentlich mehr als bloße Notentreue verlangte.

Das dritte Kapitel will Anstöße geben, sich dem Gehalt des Wort-Ton-Kunstwerkes verstehend zu nähern und Erkenntnisse aus diesem Annäherungsprozeß mit in die sängerische Gestaltung einzubeziehen. Im Zentrum stehen Goethe- und Heine-Vertonungen von Franz Schubert.

Der abschließende Rückblick auf Tendenzen im 20. Jh. soll nicht zuletzt Verständnis und Interesse für eine Musik wecken, die vom Sänger unkonventionelle — und deshalb auch unbeliebte — stimmliche Aktivitäten verlangt — auch wenn diese Vokalmusik das Ende der traditionellen Gesangskunst zu markieren scheint.

Einleitung

Zur Entwicklungsgeschichte des Gesangideals

Aus den Forderungen alter Schriften über den Gesang an eine gute Singstimme läßt sich das Idealbild eines Sängers rekonstruieren, der den speziellen Anforderungen seiner Zeit genügte. Die Grundsätze der Gesanglehren zwischen 1600 und 1900 waren auf eine sich wandelnde musikalische Praxis bezogen und versuchten, in dem Widerstreit zwischen Vergehendem und Werdendem Regeln zu formulieren, die weder mit der gesanglichen Tradition brachen, noch den Normen einer aktuellen mit Solisten besetzten Vokalkomposition widersprachen. Ziel gesanglicher Schulung war das Erreichen der Fähigkeit zur kompetenten klanglichen Umsetzung der Vorlage — auch wenn, nach dem Urteil mancher Kritiker, die Lust am virtuosen Singen immer wieder Grenzen, die der Notentext setzt, zu überschreiten drohte. Die sich allmählich entwickelnde Gesangspädagogik war ebenso selbstverständlich an den wechselnden Forderungen der jeweils zeittypischen Kompositions- und Aufführungspraktiken orientiert, wie der Komponist eines Vokalwerkes an den von langer Tradition vorgegebenen Möglichkeiten der menschlichen Stimme.
Diese Wechselbeziehung endete im 20. Jh. — zugespitzt seit den 50er Jahren —, als die Komponisten einer Ästhetik des Wahren sich dem Wohlklang der Stimme gegenüber —

Jahrhundertelang eine Konstante gesangspädagogischer Forderungen — reserviert verhielten. Mit dem »Schönen Schein« der Kunst wurde auch die schöne Stimme problematisiert.

Die Gesangspädagogik im 20. Jh. orientierte sich nun einerseits am Opern- und Konzertrepertoire, das, im Gegensatz zu früheren Epochen, aus den bewährten Werken der Tradition bestand, während die neue Musik selten einem breiteren Publikum bekannt wurde, erhielt andererseits weiterführende Impulse aus der aufblühenden wissenschaftlichen Stimmforschung.

Bereits um die Mitte des 19. Jh. hatten sich die Gesangschulen gewandelt. Bestand eine Schule im 17. und 18. Jh. hauptsächlich aus Anweisungen zur Ausführung bzw. zur improvisatorischen Veränderung des Notentextes, während die Stimmbildung, als nicht schriftlich vermittelbar, nur beiläufig abgehandelt wurde und Aufgabe des in langer Tradition stehenden Gesangs-Meisters war, der die Geheimnisse der Gesangs-Kunst an seine Schüler mündlich weiterreichte, so traten im 19. Jh. immer mehr Fragen der Stimmfunktion und ein davon abgeleiteter methodischer Weg ins Zentrum der Erörterung. Die Gesangspädagogik reagierte auf die Anforderungen der Oper im 19. Jh., die nicht mehr die schlanke, leicht bewegliche Stimme der italienischen Belcanto-Tradition verlangte, sondern ein voluminöses Organ mit großer dramatischer Steigerungsfähigkeit, das sich im großen Raum gegen ein anwachsendes Orchester behaupten kann. An die Stelle des virtuosen Kunstgesanges, dessen Regeln die alten Schulen beschrieben hatten, trat für den Sänger die Rollengestaltung, die, als Teil der Theaterpraxis, kaum Gegenstand theoretischer Erörterungen wurde, neuere Gesangschulen aber über die »Stimmbildung« beeinflußte: denn der Einsatz der Stimme hatte als in Klang gebrachter Rollencharakter zu erfolgen.

Mit dem Wandel des Stimmideals verlor Italien seine gesangspädagogische Vormachtstellung, die es bis zur Mitte des 19. Jh. innehatte, an Frankreich und zu Ende des Jahrhunderts an Deutschland. Es begann eine Phase des Experimentierens, und die unterschiedlichsten Methoden standen einander gegenüber. Die einen beriefen sich weiterhin auf die altehrwürdige italienische Gesangsmethode, obwohl deren Tradition bereits abgebrochen war, die anderen klammerten sich an scheinbar unumstößliche Wahrheiten der neuen Stimmforschung, aber alle zogen ihre jeweils persönlichen Schlüsse. Dieses Neben- und Gegeneinander der Meinungen pendelte sich erst seit den 50er Jahren des 20. Jh. mit fundierten Versuchen stimmbildnerischer Standortbestimmung auf überindividuelle Grundsätze ein.[1]

---

[1] Pionierarbeit leistete dabei Franziska Martienßen-Lohmann mit ihrem Gesangslexikon in Skizzen »Der wissende Sänger«, Zürich u. Freiburg 1956, 2. verbesserte Auflage 1963

Die italienische Gesangsmethode

Italien hatte im 16. Jh. die führende Rolle unter den abendländischen Musiknationen übernommen. Zu den Hauptgattungen, die diese Position festigten, zählte die um 1600 entstandene Oper, deren Gestaltung bis weit ins 19. Jh. hinein italienische Domäne blieb. Im Laufe des 17. Jh. stellten die Opernkomponisten (wie Claudio Monteverdi, Francesco Cavalli, Marc Antonio Cesti, Francesco Provenzale, Alessandro Stradella und Alessandro Scarlatti) immer größere Anforderungen an die Stimmkunst der ausführenden Sänger, so daß diese, um der geforderten virtuosen Beherrschung der Stimme genügen zu können, einen langjährigen planvollen Ausbildungsgang absolvieren mußten. Durch schriftliche Ausarbeitungen dieses Lehrganges im 18. Jh. wird die italienische Gesangstradition des »Belcanto« nachvollziehbar. (Die Bezeichnung ist allerdings erst seit dem späten 19. Jh. üblich).

Aber bereits aus dem 16. Jh. sind Anweisungen überliefert, die zeigen, daß der neue Operngesang auf einer älteren Tradition aufbauen konnte. Blasius Rossetti aus Verona skizzierte 1529 in seinem »Libellus de rudimentis Musices« einen Weg zur Ausbildung der Stimme, der auf den Choralsänger in der Kirche zugeschnitten war:

»Es versteht sich von selbst, daß, wenn man mit dem Singen überhaupt den Anfang macht, man nicht mit übermäßigem Atem und allzu hoch hervorbricht, sondern mit leiser und gelinder Tongebung die Noten singt. Denn sonst verletzt man die Stimmwerkzeuge und hemmt die Luftröhre (in ihren Funktionen). Deshalb halte man sich — und dies gilt auch sonst als tugendhaft — an den Mittelweg, d. h. man beginne nicht allzu tief, noch allzu hoch.

Denn das Schreien in hohen Tönen beschädigt die Kehle und die Stimme und verletzt das Gehör. Wenn man nämlich etwas leise zu singen anfängt, so erwärmt sich nach und nach die Kehle, die Stimmwerkzeuge beleben sich, und die Stimme, verschiedentlich durchgearbeitet, gelangt zu einem gleichmäßigen und vollendeten Tone.«[2]

Rossetti forderte vom Sänger stimmliche Übungen zur Gewinnung eines leichten Toneinsatzes, die, bei guter Atemführung, zur Ausgeglichenheit der Lagen und zur Tonschönheit führen sollten. Seine Äußerungen fassen die stimmtechnischen Bemühungen einer alten kirchlichen Gesangstradition zusammen, die auch im Operngesang des 17. Jh. weiterwirken konnte.

Die theoretischen Schriften des 16. Jh. wandten sich vor allem an die Ausführenden der Motetten und Messen im mehrstimmig-kontrapunktischen Kirchenstil, die Figuralsänger, bzw. an ihre weltlichen Kollegen, die das mehrstimmige solistisch besetzte Madrigal musizierenden Kammersänger. Die Kirchensänger mußten, wegen der großen Räume, häufig im Forte singen — was dann auch für die späteren Opernsänger nötig wurde, als sich, von Venedig 1637 ausgehend, öffentliche kommerzielle Opernbetriebe einbürgerten. Die ersten Opernsänger aber waren aus den »Kammer«-Sängern der Madrigale hervorgegangen, die es gewohnt waren, sich bei dynamischer Zurückhaltung den anderen Stimmen oder Instrumenten anzupassen. Das Forte-Singen war ihnen nur Mittel des Textausdrucks.

Der neapolitanische Arzt Giovanni Camillo Maffei versuchte bereits 1562 in seinem »Discorso della Voce, del Modo d'apparar di cantar di Garganta, senza maestro«, Stimmbildung auf physiologischer Grundlage zu betreiben. Sein Bezugspunkt war der solistische Ensemble-Vortrag mehrstimmiger Madrigale. Um das Ziel, Ausgeglichenheit und Beweglichkeit der Stimme, zu erreichen, empfahl er

---

[2] Zitiert aus Bernhard Ulrich: Über die Grundsätze der Stimmbildung während der Acappella-Periode und zur Zeit des Aufkommens der Oper — 1474-1640, Leipzig 1910, S. 52 / 53

Koloraturübungen — was in den späteren Lehrplan für Opernsänger eingegangen ist. Neben dem Umgang mit guten Sängern erscheint Maffei für den Lernenden die Selbstbeobachtung unumgänglich, um sich über Atemführung, Zungenlage, Mundöffnung und somit dem sich aus deren Zusammenspiel ergebenden Stimmklang Klarheit zu verschaffen.

Die sich ergänzenden stimmbildnerischen Anweisungen von Rossetti und Maffei zeigen, daß schon im 16. Jh. die Grundlagen zum Ideal des späteren Belcanto-Sängers vorhanden waren. Der Figuralsänger Lodovico Zacconi fügte in seiner Schrift »Prattica di musica« (I. Teil Venedig 1592, Neudruck 1596, II. Teil 1622) weitere detaillierte Beobachtungen über den Stimmgebrauch hinzu. Er unterschied Sänger, die ihre Kopfstimmen (»voci di testa«) benutzen und ohne Anstrengung mit einer klaren, durchdringenden Schärfe (vor allem in der Höhe) singen von denen, die ihre natürlichen Bruststimmen (»voci di petto«) einsetzen. Zacconi deutet hier auf eine Praxis der mehrstimmigen Kirchenmusik des 16. Jh. hin, in der die Diskantstimmen — ursprünglich von Knaben gesungen, weil Frauen in der Kirche zu schweigen hatten — immer häufiger, wegen der musikalischen Schwierigkeiten, von fistulierenden Männern, den Falsettisten, übernommen wurden. Diese künstliche Sopran-Lage des Mannes war von Maffei als »Falsett-Stimme« bezeichnet worden.

Die Sänger der tiefen Partien konnten dagegen ihre »natürlichen« Bruststimmen einsetzen. Auf die Zwischenlagen (hoher Tenor und Alt bzw. Contratenor als höchste natürliche Lage) bezieht sich Zacconi wohl mit der Bemerkung, daß es auch noch die mittlere Stimme gibt, teils Brust-, teils Kopfstimme. Gerade die Herausbildung dieser Mischstimme, der Tiefe und Höhe gleichermaßen und ausgewogen zur Verfügung steht, war dann seit dem 17. Jh. eine gesangspädagogische Hauptforderung. Auch die Anweisung, daß es schön sei mit Mordent, d. h. Vibrato zu singen, deckt sich mit dem späteren Belcanto-Ideal.

Den entscheidenden Beitrag zur Konstituierung einer neuen, auf den dramatischen Sänger bezogenen Gesangspädagogik lieferte 1602 der Sänger und Komponist Giulio Caccini in der Vorrede seiner für den neuen Stil beispielhaften Musiksammlung »Le Nuove Musiche«. Caccini war nach den Idealen des 16. Jh. zum Sänger ausgebildet worden und paßte diese nun den neuen musikalischen Normen an, die er selbst mit kreiert hatte.

Ausgangspunkt für den neuen dramatischen Musikstil, der die Gesangspädagogik so entscheidend prägte, war der Rekonstruktionsversuch antiker griechischer Musik in einer Diskussionsrunde von humanistisch gebildeten Literaten und Musikern, die sich in Florenz im Ausgang des 16. Jh. bei den Grafen Bardi und später Corsi trafen, der sogenannten Florentiner Camerata. Neben Caccini zählten Emilio de'Cavalieri und Jacopo Peri zu den bedeutenden Komponisten dieser Akademien, die in den 90er Jahren und um 1600 erste praktische Resultate lieferten. (Die erste, allerdings verschollene Dramenvertonung ist 1597 »Dafne« von Peri und Caccini. Einen ersten Höhepunkt setzte 1600 die Aufführung der »Euridice« von Peri, zu der auch Caccini eigene Kompositionen zusteuerte — etwas später veröffentlichte er dann selbst eine »Euridice«. Ebenfalls 1600 erschien Cavalieris geistliches Drama »Rappresentazione di Anima e di Corpo«). Die Komposition geht ganz vom Text aus, und Musik hat die Funktion, seine Wirkung zu unterstützen, indem sie den Affektgehalt der dramatischen Situation in eine tiefere Empfindungsschicht überführt. Die kontrapunktischen Künste der alten polyphonen Musik werden verworfen, weil sie die Worte verdunkeln.

Die sinngemäße Umsetzung des Textes in Musik war bereits im 16. Jh. Gegenstand kompositorischer Praxis — vor allem im Madrigal — geworden, doch Wortausdruck und musikalisches Regelsystem, das den Zusammenklang der Stimmen ordnete, konnten nicht immer zur Übereinstimmung gebracht werden. In den Werken, den Monodien, der neuen kompositorischen Praxis soll die den Text rezitierende, die Sprache in Tonfall und Interpunktion melodisch nachzeichnende, nur durch einige Akkorde, den »Basso continuo«, gestützte Einzelstimme dem Ideal einer untrennbaren Einheit von Wort und Ton entsprechen. Musik, nach den gleichen Regeln wie Sprache gebildet, gewinnt nun eine eigene musiksprachliche Dimension.

Bald bildete sich eine Terminologie heraus, die den neuen Stil vom alten abgrenzte, bzw. den neuen in sich differenzierte. Dem »Dramma per musica« (die Bezeichnung »Opera« fand erst ab ca. 1640 Verwendung) wurden verschiedene Stile zugeordnet. Cavalieri nennt die neue Kompositions- und Gesangsweise »recitar cantando« (singendes Reden), Caccini »stile rappresentativo« (theatralische Schreibweise). Darunter fallen der »stile recitativo« als gehobener Sprechgesang und der »stile espressivo« als ausdrucksvoller Gesang, in dem der Affektausdruck herrscht. Claudio Monteverdi verschärfte sie zum »stile concitato«, einer heftigen musikalischen Deklamationsweise mit raschen Tonwiederholungen bei stark von leidenschaftlicher Erregung getragenen Passagen. Für den Bereich dieser neuen musikalischen Stiltendenzen prägte Monteverdi 1605 den Begriff »seconda prattica« (zweite Praxis) als Gegenentwurf zur noch weiter existierenden ersten Kompositionspraxis des kontrapunktischen Satzes aus dem 16. Jh., der »prima prattica«. Im allgemeinen wurde das Neuartige der affekt- und wortbezogenen Kompositionsweise mit »nuovo« angegeben, was sich auch im Titel von Caccinis Sammlung »Nuove Musiche« (Neue Musik) niederschlägt.

Caccinis Vorrede ist eine Einführung und Grundlegung zur Ästhetik und Aufführungspraxis der neuen Vokalmusik, die den Gesangssolisten ins Zentrum rückt. Er setzt sich ausführlich mit dem Wort-Ton-Verhältnis auseinander und den Konsequenzen daraus für die Singweise. Das Singen mit der bei Männern nun als künstlich empfundenen Fistelstimme (»voce finta«) wird abgelehnt zugunsten des Ideals der natürlichen, wohlklingenden und bebenden Stimme (»voce piena e naturale«).

Das Ideal schließt die Kastratenstimme ein, die bereits in der zweiten Hälfte des 16. Jh. die Knaben- und Fistelstimme zu ersetzen begann. Anfang des 17. Jh. verschwanden die Falsettisten aus der italienischen Musikpraxis weitgehend. Im 17. und vor allem im 18. Jh. machten Kastraten dann in der Oper Karriere, begünstigt durch ein teilweise gültiges Auftrittsverbot von Frauen auf der Bühne.

Die enorme Beliebtheit der Kastratenstimme hatte zur Folge, daß in Italien, vor allem in Neapel und Bologna, viele stimmbegabte Knaben auf dem Operationstisch landeten, um ihnen die hohe Lage zu erhalten — im 18. Jh. waren es ca. 4000 jährlich —, mit der Hoffnung auf eine »Welt«-Karriere — die allerdings in den seltensten Fällen eintrat. Durch die Kastration konnte der Kehlkopf als sekundäres Geschlechtsmerkmal nicht mehr so stark wachsen, während sich Lunge und Resonanzverhältnisse weiter

16

entwickelten. Das Singen mit Lungen- und Schallkraft eines Erwachsenen bei noch kindlichem Kehlkopf ermöglichte den Kastraten, lange musikalische Phrasen auf einen Atem zu nehmen. (Das Tonhalten gelang 50 Sekunden und mehr).

Diese musikalisch einsetzbaren Möglichkeiten der Kastratenstimme sowie ihr besonderer Klangcharakter zwischen Knabe und Mann in Frauenlage (bei oft sehr großem Stimmumfang) führte im Laufe des 17. Jh. zu einer festen Verankerung des Kastraten im Opernensemble. War er als »primo uomo« Partner der »prima donna«, stand ihm im 18. Jh. die Bühnenfunktion des Helden und Liebhabers zu. Erst seit den späten Opern von Gluck und Mozart fand die Kastratenstimme immer weniger Berücksichtigung.

Die Ausbildung der »voce piena e naturale« begann mit dem Solfeggieren, einem Singen von Übungen auf Tonsilben, was für die italienische Gesangspädagogik typisch bleiben sollte. Dabei wurden die Klänge der eher offenen als geschlossenen Vokale von Fehlern befreit und gleichzeitig die Intonation (d. h. Treffsicherheit der Intervalle) geschult. Grundsätzlich ging der Gesanglehrer von der Mittellage aus. Die nächste Stufe bildete das Vokalisieren, das Singen melodischer Abschnitte auf einem Vokal, um die Stimme beweglich und umfangreich bei gutem Lagenausgleich zu machen. Wesentlich für Caccini war die Hinführung zum affekthaften Ausdrucksgesang. Virtuosität, die durchaus geschult werden mußte, sollte niemals Selbstzweck sein, sondern nur Mittel zur Expression. Diese florentiner Ideale wurden auch von anderen Komponisten in Vorworten zu neuen Kompositionen vertreten (etwa von Emilio de'Cavalieri oder Ottavio Durante), ohne aber die Wirkungskraft Caccinis zu erlangen.

In dieser Frühzeit der Oper waren Fürsten (in Florenz) und Geistliche (in Rom) Träger der neuen musikalischen Gattung. Die Handlungen entsprachen dem herrschenden Geschmack dieser gesellschaftlichen Oberschicht. Sie spielten in der heilen arkadischen Welt der Hirten und Nymphen mit antikisierender Tendenz (»Favola pastorale«) oder hatten, vor allem in Rom, moralisierenden Zuschnitt.

1637 wurde in Venedig das erste kommerziell geführte Opernhaus eröffnet (dem andere folgten), in das jedermann Eintritt erhalten konnte. Die Logen waren von wohlhabenden Patrizierfamilien gemietet. Die Opernaufführungen konkurrierten mit vielen anderen Festivitäten während der Karnevalszeit, und kostendeckendes Arbeiten war nur durch Eingehen auf den Publikumsgeschmack möglich.

In der Folge wurde der dramaturgische Verlauf schematisiert, komische Szenen durchzogen die Intrigen-Handlung, die Personen tappten als Opfer eines Verwirrspiels über die Bühne, und eine Theatermaschinerie ermöglichte Überraschungseffekte. Die ganze Karnevalsaison über wurden die gleichen Opern mit einem festen Ensemble gespielt, woraus sich nach und nach ein Repertoire fügte. Die Verbindung von stereotyper Dramaturgie und festem Ensemble ließ einen Rollenschematismus zu, der im 18. Jh. (bei den Textdichtern Zeno und Metastasio für die ernste Oper sowie bei Goldoni für die komische) noch gestärkt wurde und zu den Stimmfächern führte.

Die virtuose Gesangskunst trat immer mehr in das Zentrum des Interesses, dem die Komponisten mit der formalen Trennung von Rezitativ, in dem die Handlung durch Sprechgesang weitergeführt wird, und Arie, die dem Sänger Gelegenheit gibt, seine stimmlichen Vorzüge glänzen zu lassen, entgegenkamen. Um 1700 hatte diese Unterhaltungs-Tendenz in der sogenannten neapolitanischen Oper einen Höhepunkt. Im Verlauf des 18. Jh., bis hin zu Gluck und Mozart, entstanden mehrere Reformversuche, die Musik und Drama wieder enger aufeinander beziehen wollten. (Am Anfang des skizzierten operngeschichtlichen Umbruchs hatte Claudio Monteverdi schon einmal eine für seine Zeit ideale Synthese von Drama und Musik geschaffen. Sein »Orfeo« 1607 schließt an den Stil der florentiner Camerata an, doch ist der musikalisch-formale Bereich eigenständiger auskomponiert. Die für Venedig geschriebenen Opern »Il ritorno d'Ulisse in patria« 1640 und »L'incoronazione di Poppea« 1642 zeigen einen aufs Drama bezogenen musikalischen Reichtum, den erst Mozart in den 80er Jahren des 18. Jh. wieder erreichte.

Den ersten größer angelegten Versuch, die Prinzipien der italienischen Gesangskunst schriftlich niederzulegen, wagte 1723 der Sänger (Kastrat) Pier Francesco Tosi mit seiner Abhandlung »Opinioni de'Cantori antichi e moderni o sieno Osservazioni sopra il canto figurato«. Tosi hebt die alten Gesangsmeister des 17. Jh. positiv gegen die, das bloße Virtuosentum fördernden, neuen ab.

Damit zielte er auch auf die berühmte, von ihm an sich geschätzte bologneser Gesangschule des Kastraten Francesco Antonio Pistocchi, die später von dessen Schüler, dem Kastraten Antonio Bernacchi, der die Virtuosität aufs höchste steigerte, weitergeführt wurde. Schriftliche Äußerungen sind aus dieser Schule allerdings nicht überliefert. (Weitere einflußreiche Gesanglehrer der Zeit waren der Komponist und Tenor Nicolo Porpora sowie Leonardo Leo als Vertreter der ebenso berühmten neapolitanischen Schule).

Im Gegensatz zur grassierenden Stimmakrobatik forderte Tosi, daß es Aufgabe des Sängers sei, die Worte mit der ihnen innewohnenden Kraft zu intonieren und dadurch das Herz zu rühren. Die Fähigkeit zur Virtuosität gehört zwar zum Rüstzeug des guten Sängers, sie darf aber nicht Selbstzweck werden, so daß bloß noch die Biegsamkeit der Stimme Bewunderung findet. Ideal ist der reine, helle Ton, der nicht durch die Nase gehen (näseln) oder in der Kehle steckenbleiben darf (knödeln). Das sind die beiden gräßlichsten Fehler des Sängers. Bei den hohen Tönen darf man nicht kreischen; je höher sie sind, desto sanfter müssen sie gesungen werden. Als Muster dient dem Schüler die fehlerlose Stimme des Lehrers.

Ein Hauptziel der Stimmbildung ist nach Tosi die Vereinigung der Register Bruststimme (»voce di petto«) und Falsett, von dem die leichtere (lyrische) Kopfstimme (»voce di testa«) geprägt ist. Bevor die Arbeit am Text beginnt, muß der Schüler unbedingt frei und sicher solfeggieren und auf den Vokalen singen können. Jeder hat sich nach der Fähigkeit und den besonderen Eigenschaften seiner Stimme zu richten. Das rein technische Können ist in einer umfassenden musikalischen und kulturellen Bildung zu verankern.

Tosis Gesangschule — wie auch die Instrumentalschulen des 18. Jh. mehr Fundgrube aufführungspraktischer Gegebenheiten als technischer Regeln — ist im Zusammenhang mit den Reformtendenzen innerhalb der italienischen Oper zu sehen. Um 1720 versuchte Apostolo Zeno, der ernsten Oper (Dramma per musica, später Opera seria genannt) wieder eine durchgehende dramatische Handlung zu geben. Er reinigte den Text von allen nebensächlichen Beigaben und stellte eine moralische Lehre in den

Mittelpunkt. (Dieser Versuch geriet allerdings sehr formalistisch und schematisch). Größer war der Einfluß des ihm folgenden Pietro Metastasio, der seine Dichtungen, auch unabhängig von der Musik, als vollwertige literarische Tragödien betrachtete (er wirkte noch auf Gluck und Mozart ein).

Seine dramatischen Personen repräsentieren Ideen der Zeit und haben mit ihrer charakterlichen Mischung aus Leidenschaft und Vernunft vorbildhafte Funktion. Diese zeittypischen Charaktere tauchten, unter anderem Namen, in den verschiedenen Opern immer wieder auf, und die dramaturgische Schematisierung korrespondierte mit der musikalischen, dem ständigen Wechsel von Rezitativ und Da-Capo-Arie, die den jeweiligen Affektgehalt der Situation konzentriert. Selbst die Anzahl der Arien war festgelegt — ebenso deren musikalischer Ausdrucksgehalt —, die von den agierenden Personen gesungen wurden. (Dem ersten Kastraten, »primo uomo«, der ersten Sängerin, »prima donna« und dem Tenor waren, als Hauptkräften des Dramas, je fünf Arien zugeteilt, dem »secondo uomo« und der »seconda donna« je drei. Der Sopran war herrschende Stimmgattung. Einem Tenor — in der Handlung gewöhnlich der König — stehen oft drei bis fünf Soprane — Männer und Frauen — gegenüber. Die tiefen Stimmlagen, Alt und Baß, waren weniger gefragt, ihnen wurden allenfalls Nebenrollen zugeteilt).

Gegen den Schematismus der Opera seria wandte sich die komische Oper (neben vielen verschiedenen Bezeichnungen waren Dramma giocoso und Commedia per musica im 18. Jh. gebräuchlich, später Opera buffa), indem sie das ernste Pathos der Lächerlichkeit preisgab. Die für die Opera seria so existenziellen Kastraten verschwanden allmählich aus der Opera buffa. Die Tradition des heiteren Musiktheaters reicht bis ins 17. Jh. zurück, doch fand eine Entwicklung zur selbständigen komischen Oper verstärkt zwischen 1720 und 1740 statt.

Die lustigen oder lächerlichen Gestalten der Opera buffa stammen aus der Commedia dell'arte, improvisierten Komödien, die sich in Italien bis ins 16. Jh. zurückverfolgen lassen. Die agierenden Figuren sind Charaktertypen, die, unter verschiedenen Namen, immer wieder gleiche Reaktionen zeigen. So stellt die Sopran-singende »Colombine« den Typ der koketten Dienerin und Zofe dar als Partnerin des Tenor-singenden faulen und gefräßigen Dieners »Arlecchino«. Zur zentralen Stimmgattung der Opera buffa wurde aber — im Gegensatz zur Opera seria — der Baß. Dem schrulligen, alternden und unverheirateten »Pantalone« geht Geld über alles. Sein würdevolles Auftreten schlägt stets in Lächerlichkeit um. Daneben zählen liebestolle Alte, pedantische Dottores, großmäulige Soldaten usw. zum Stammpersonal der komischen Opern. Als Gegengewicht trat dann ins Zentrum der Handlung ein gefühlvolleres Liebespaar.

Ein Schlüsselwerk der neu entstehenden Gattung ist Giovanni Battista Pergolesis »La serva padrona« 1733, dessen zwei Akte er noch als Intermezzo, d. h. Einlage zwischen die drei Akte der Opera seria, konzipierte. Von ca. 1740 an tritt die Opera buffa — für die der Textdichter Carlo Goldoni, der die vorangehenden Traditionen zusammenfaßte, vorbildhaft wird — zur Opera seria in Konkurrenz. Goldonis Textvorlagen zu den Arien sind nicht schematisch, sondern der Handlung jeweils angepaßt, die Charaktere individuell. Wie Metastasio für die Seria, so wurde Goldoni für die Buffa des 18. Jh. vorbildhaft.

Verkörperten Seria und Buffa bis in die 80er Jahre hinein gegensätzliche Operntypen, die sich allerdings langsam einander annäherten, so liegt ein Reiz der späten italienischen Opern Wolfgang Amadeus Mozarts, die in Zusammenarbeit mit dem Textdichter Lorenzo da Ponte entstanden (»Le nozze di Figaro« 1786, »Don Giovanni« 1787, »Cosi fan tutte« 1790) gerade in der Verschmelzung dieser beider Sphären zur Opera semiseria (was sich schon bei Goldoni ankündigte, der wieder ernste Figuren in das Buffa-Libretto einführte). Mozarts Werke stellen mit ihrer Technik der musikalischen Ausleuchtung der Charaktere einen End- und Höhepunkt in der italienischen Operngeschichte des 17. und 18. Jh. dar.

Die detailliertesten stimmbildnerischen Hinweise für die italienische Gesangskultur des 18. Jh. gab 1774 der Kastrat Giovanni Battista Mancini in seiner Schrift »Pensieri, e Riflessioni pratiche sopra il Canto Figurato«.[3] Der Schüler Bernacchis ergänzte und konkretisierte seinen schreibenden Vorgänger Tosi, ohne dessen Grundlage zu verlassen. Nach ihm muß der Lehrer nicht nur makellos singen, sondern seine Stimme auch absichtlich verstellen können, um dem Schüler dessen Fehler zur Einsicht zu bringen. Nur durch Beseitigung der Fehlerquellen wird der Ton zur freien Entfaltung gebracht. Das kehlige Singen kann man durch Lockerung der Halsmuskulatur verbessern und, damit korrespondierend, einer Mundöffnung, die, natürlich lächelnd, weder zu groß noch zu klein sein soll. Den großen Ton erreicht der Sänger durch Weitung des Halses, doch darf er diesen beim Singen nicht fühlen, um die Lockerheit nicht zu

---

[3] Die erste Auflage erschien in Wien. Eine zweite erweiterte Auflage 1777 in Mailand unter dem Titel: »Riflessioni pratiche sul canto figurato«. Bezeichnet war sie als dritte Auflage.

gefährden. Aus der Lockerheit erwächst auch der gewünschte ideale Stimmklang: hell, aber sonor. Sonorität, d.h. Resonanzreichtum der Stimme ist für Mancini eine wesentliche Forderung an den guten Sänger. Eine Stimme ohne Sonorität trägt in großen Räumen nicht.

Die Sängerkraft, als Gefühl für den sonoren Körperklang, konzentriert sich in der Brust. Die Brustkraft — von jetzt ab ein Schlüsselbegriff der italienischen Gesangsmethode — ist wiederum Grundlage für die so wesentliche Registerverschmelzung. Diese Kraft, empfunden als Weite des Brustkorbs, wächst mit den Jahren heran, und ihre Entwicklung darf nicht forciert werden. Geschult wird sie durch Portamento-Übungen auf den Vokalen a und e, sowie mit dem Singen von Koloraturen. Die Atemerneuerung muß bei diesen Übungen leicht, unmerklich, ohne große Mühe geschehen, das Singen selbst mit mäßiger Atemgebung.

Die Registervereinigung ist eine der größten Schwierigkeiten bei der Stimmschulung. Der naturgegebene Stimmbruch muß verschwinden, so daß die Stimme in allen Lagen gleichmäßig sonor klingt. Die natürlichen Register sind für Mancini, wie für die Autoren vor ihm, Bruststimme (»voce di petto«) und Falsett (»falsetto«) oder auch Kopfstimme (»voce di testa«). Das Brustregister darf nicht bis zur oberen Grenze gezogen werden, um das Forcieren der hohen Töne zu vermeiden. In der Höhe muß man, schon nach Tosi, Falsett singen, das, bei gelungener Vereinigung von Brust- und Kopfstimme, wie das Brustregister klingt. Die Begriffe Falsett und Kopfstimme decken sich bei Mancini nahezu, doch bleibt im Falsett die Sonorität als Grundlage erhalten. Nach Tosi war die Kopfstimme als Gegensatz zur Bruststimme leiser, klangärmer, aber auch beweglicher. In ihr dominiert das Falsett. Brust- und Kopfstimme schließt hier den späteren Gegensatz von dramatischen und lyrischen Stimmtypen ein.

Das »Falsch« im »falsetto« bezieht sich jetzt auf den Schein-charakter, als ob die Bruststimme in der Höhe weiterginge und ist nicht mehr mit der »voce finta«, der Fistelstimme zu verwechseln, die als eine vom sonoren Körperklang isolierte Kopfstimme anzusehen ist. Gelungene Registerverschmel-zung gehört wiederum zu den Vorbedingungen für den Ko-loraturgesang.

Die Prinzipien der altitalienischen Gesangsmethode wirkten auch in der ersten Hälfte des 19. Jh. unvermindert weiter, solange Komponisten wie Gioacchino Rossini, Gaetano Donizetti und Vincenzo Bellini noch für die Belcanto-Stimme schrieben. 1871 hatte Giuseppe Verdi in einem Brief die Modifikationen angedeutet, die der alten Lehre den Weg in die Zukunft sichern sollten:
»Der Studiengang umfasse: Übungen im Ansatz, sehr langes Solfeggien-studium, Stimm- und Sprechübungen mit klarer, deutlicher Aussprache. Wenn das Organ geübt und geschmeidig ist, einfach singen, wie es das Ge-fühl eingibt.«[4]
Der dramatischere, die Kraft des »Gefühls« intensivierendere Stil Verdis um die Jahrhundertmitte, und die veristischen Opern von Ruggiero Leon-cavallo, Giacomo Puccini und Pietro Mascagni im Ausgang des 19. Jh. for-derten ein modifiziertes Stimmideal, aus dem sich der noch heute domi-nierende »italienische Sänger« entwickelte, den Richard Strauss schon 1911 in seinem »Rosenkavalier« als Typ auftreten ließ.

1812/13 hatte in der Leipziger »Allgemeinen Musikalischen Zeitung« ein namentlich ungenannter, aber, wie die Redak-tion vermerkte, kenntnisreicher Autor in einem Aufsatz »Mittheilungen über Gesang und Gesangsmethode« ge-schrieben, daß in Italien die alte Schule noch die einzig wah-re sei. Dort verlange man von einer guten Stimme, daß sie hellklingend, voll, rein, biegsam, von einiger Ausdehnung und Stärke und angenehm sein soll. (Der Autor lehnte sich mit dieser Charakterisierung des guten Gesangstones offen-sichtlich an die Schriften Johann Adam Hillers aus den Jah-ren 1774 und 1780 an).

[4] Zitiert aus Herbert Biehle: Die Stimmkunst 1. Bd., Geschichtliche Grundlagen, Leipzig 1931, S. 60

»Das erste Geschäft des Sängers ist Stimmbildung, deren Zweck ist, die etwa vorhandenen Fehler der Stimme zu heben oder möglichst zu mindern, das Gute derselben zu vervollkommnen, und so den Grund zu legen zu vollkommner Beherrschung der Stimme in ihrem ganzen Umfange.« (AMZ Leipzig, 14. Jg. 1812, Sp. 826).

Das wird erreicht mit Tonleiter- und Solfeggien-Singen, am Anfang nur im natürlichen Umfang. Der Mund ist »*beym Singen so zu öffnen, wie man ihn natürlich öffnet, wenn man lächelt.*« (Sp. 828).

Über die Register schreibt der Autor:

»Fast jede menschliche Stimme hat zwey Register: Bruststimme (voce di petto) und Kopfstimme, (voce di testa, falsetto)... Es ist sehr schwierig, aber unumgänglich nöthig, diese beyden Register so vollkommen verbinden zu lernen, dass die Verschiedenheit derselben entweder ganz gehoben, oder doch durch Kunst dem Zuhörer völlig verborgen werde.« (15. Jg. 1813, Sp. 165).

Die Lagen müssen vollkommen ausgeglichen sein, als sänge man alles mit Bruststimme. Dazu dient das portamento di voce, das Übertragen und Schmelzen eines Tones in den anderen. Der bloße Kunstgesang ist in Italien jetzt verdammt, man singt einfacher und ausdrucksvoller, kleine Verzierungen können aber der Wirkung helfen.

In diesem Aufsatz scheint noch einmal das Stimm- und Gesangideal Tosis und Mancinis als herrschende italienische Praxis auf, doch französische und vor allem deutsche Musiker waren schon dabei, es zu modifizieren.

Der Komponist und Dichter E. T. A. Hoffmann lieferte 1814 in der gleichen Zeitschrift unter dem Titel »Nachricht von einem gebildeten jungen Mann« eine bissige Parodie auf den italienisch geschulten Sänger (deren Witz darin liegt, daß der neu erblühende »Gesangs-Star« nichts als ein Affe ist):

»Nachdem ich mehrere Sänger großen Beifall einernten gehört, wandelte mich auch eine unbeschreibliche Lust an, ebenfalls zu singen, nur schien es mir leider, als habe mir die Natur jedes Organ dazu schlechterdings ver-

sagt; doch konnte ich nicht unterlassen, einem berühmten Sänger, der mein intimster Freund geworden, meinen Wunsch zu eröffnen, und zugleich mein Leid, wegen der Stimme, zu klagen. Dieser schloß mich aber in die Arme und rief voll Enthusiasmus: »Glückseliger Monsieur, Sie sind bei Ihren musikalischen Fähigkeiten und der Geschmeidigkeit ihres Organs, die ich längst bemerkt, zum großen Sänger geboren; denn die größte Schwierigkeit ist bereits überwunden. Nichts ist nämlich der wahren Singkunst so sehr entgegen, als eine gute, natürliche Stimme, und es kostet nicht wenig Mühe bei jungen Scholaren, die wirklich Singstimme haben, diese Schwierigkeit aus dem Wege zu räumen. Gänzliches Vermeiden aller haltenden Töne, fleißiges Üben der tüchtigsten Rouladen, die den gewöhnlichen Umfang der menschlichen Stimme weit übersteigen, und vornehmlich das angestrengte Hervorrufen des Falsetts, in dem der wahrhaft künstliche Gesang seinen Sitz hat, hilft aber gewöhnlich nach einiger Zeit; die robusteste Stimme widersteht selten lange diesen ernsten Bemühungen: aber bei Ihnen, Geehrtester, ist nichts aus dem Wege zu räumen; in kurzer Zeit sind Sie der sublimste Sänger, den es gibt!« — —
Der Mann hatte recht, nur weniger Übung bedurfte es, um ein herrliches Falsett und eine Fertigkeit zu entwickeln, hundert Töne in einem Atem herauszustoßen, was mir denn den ungeteiltesten Beifall der wahren Kenner erwarb, und die armseligen Tenoristen, welche sich auf ihre Bruststimme wunder was zugute tun, unerachtet sie kaum einen Mordent herausbringen, in Schatten stellte.«[5]

Ebenfalls in der »Allgemeinen Musikalischen Zeitung« schrieb 1829 Gustav Nauenburg »Kritische Bemerkungen über Methodik des Gesangunterrichts«. Der Verfasser erkennt den Wert der italienischen Gesanglehre zwar noch an, setzt dieser aber (quasi) neue deutsche Grundsätze entgegen. Kehlfertigkeit soll nur Kunstmittel, kein Kunstzweck sein, das Wort muß im Gesang mitherrschen können.

»Das Gefühl muss sich eng an den poetischen Gedanken anschliessen, gleichsam aus dem Worte erwachsen, erblühen; dann ist es, wie es seyn soll, charakteristisch wahr. (AMZ Leipzig, 31. Jg. 1829, Sp. 818/819).

Obwohl hier nur alte italienische Forderungen anklingen, wird doch deutlich, wie die herrschende Unterrichtspraxis,

---

[5] Zitiert aus E. T. A. Hoffmann: Fantasie- und Nachtstücke, München 1976, S. 302 / 303. Hoffmann nahm diese Satire später in seine »Kreisleriana« auf.

die auf Vokalisen aufgebaut ist und erst spät zum Wort findet, den neuen Kunstidealen nicht mehr gerecht zu werden vermag. Kunstbildung bedeutet für den Autor Menschenbildung, Verstand und Gefühl sind mit der Stimme gleichermaßen zu wecken.

1834 fügte Nauenburg in dem Artikel »Beyträge zur Theorie der menschlichen Stimme« noch hinzu, daß, im Gegensatz zur empirischen, auf Erfahrung beruhenden Methode der Italiener, nur auf physiologischem Wege eine sichere Basis für die Kunst des Gesanges zu finden ist, denn »*eine vollkommen genügende Theorie der menschlichen Gesangstimme wird nur einst von einem, der Physiolog und gründlich gebildeter Sänger zugleich zu seyn vermag, geschrieben werden.*« (AMZ Leipzig, 36. Jg. 1834, Sp. 360).

Die französische Gesanglehre

Über das französische Gesangideal im frühen 17. Jh. informiert die Enzyklopädie »Harmonie universelle« des Marin Mersenne in ihrem VI. Kapitel: »De l'Art de bien chanter« (Paris 1636). Es unterscheidet sich nicht grundsätzlich vom italienischen, doch bemerkt Mersenne nationale Eigenheiten. Im Gegensatz zu den Italienern, die mit kräftigen, sonoren Stimmen und großer Energie Leidenschaften ausdrücken, wollen die Franzosen mehr dem Ohr mit Süße und Leichtigkeit schmeicheln. Die französische Stimme soll biegsam und weich sein, in den Lagen ausgeglichen und intonationssicher. Der Unterricht basiert am besten auf gutem Vor- und Nachsingen, wobei Fehler, vor allem nasaler und harter Stimmklang, zu verbessern sind. Die Stimme muß durch den Atem gestützt werden, damit sie nicht zu dünn klingt. Ebenso wie bei den Italienern dienen Vokalisen auf a (dann auch auf den übrigen Vokalen) dem Beweglichkeitstraining.

Bénigne de Bacilly fügte in seiner Abhandlung »Remarques curieuses sur l'art de bien chanter« (Paris 1668[6] noch einige Gesichtspunkte hinzu. Hauptaufgabe der gesanglichen Ausbildung ist für ihn die Kultivierung der Aussprache, die nicht nur korrekt sein soll, sondern sich auch mit dem musikalischen Ausdruck zu verbinden hat. Wie die Italiener trennte auch er die natürliche Stimme (»voix naturelle«) von der Fistelstimme (»voix de fausset«). Vokalisen fungieren als Bildungsmittel für die Geschmeidigkeit der Stimme und dienen gleichzeitig zur Vorbereitung auf die Kunst der Ver-

---

[6] Eine zweite Auflage erschien 1671 unter dem Titel »Traité de la méthode ou Art de bien chanter«.

zierung, deren geschmackvolle Anwendung unbedingt zum guten Singen gehört.

Die zentrale Bedeutung des Sprachlichen wurzelte in der Vorliebe der Franzosen für das Drama. Es blieb auch in der Oper des 17. und 18. Jh. im Mittelpunkt (denn eine vielfältige, sich auch von der Vorherrschaft des Dramas lösende Theaterlandschaft bildete sich in Frankreich erst spät). Im Gegensatz zu Italien mit verschiedenen, untereinander im Wettbewerb stehenden Kulturzentren, sind Paris und der königliche Hof in Versailles geschmacksbestimmend. .

Das erste französische Opernunternehmen in Paris, die Académie royale de musique, wurde, 1669 gegründet, ab 1672 von Jean-Baptiste Lully geleitet, der vom König das Privileg für Opernaufführungen erhalten hatte und damit auch stilbildender Komponist war. Zusammen mit dem Textdichter Philippe Quinault entwickelte er den grundlegenden Operntypus der Tragédie en musique (seit 1750 wurde die Bezeichnung Tragédie lyrique vorherrschend). Alles war auf die Haupthandlung konzentriert, ein fünfaktiges, die Idee des Absolutismus vertretendes Pastorale in rezitativischem Stil. Komische Nebenhandlungen waren ebenso verpönt wie virtuose Gesangseinlagen (auf Kastraten verzichtete man). Musik diente der Steigerung der Dichtung. Lullys Werke bildeten noch im 18. Jh. den Grundstock der Pariser Oper und zählen deshalb zu den ersten Repertoire-Opern in der Musikgeschichte.

Im 18. Jh. führte Jean-Philippe Rameau die französische Oper im Sinne Lullys weiter, nahm aber auch Tendenzen der italienischen Oper (etwa die Da-Capo-Arie) in seine Werke mit auf.

Einen Endpunkt dieser französischen Tradition bilden die späten Opern von Christoph Willibald Gluck (»Iphigénie en Aulide« 1774, »Armide« 1777 und »Iphigénie en Tauride« 1779). Hier wird die Reformidee, die er zusammen mit dem Textdichter Ranieri da Calzabigi in Wien als Versuch einer Erneuerung der italienischen Opera seria begonnen hatte (»Orfeo ed Euridice« 1762, für Paris zu »Orphée« 1774 umgearbeitet, »Alceste« 1767, für Paris 1776 umgearbeitet und »Paride ed Elena« 1770), konsequent auf dem Boden des französischen Dramas zu Ende geführt.

Glucks Reform ist geprägt vom Ideal der Einfachheit und Natürlichkeit. Die Charaktere dienen der Darstellung moralischer Grundideen und vertreten ein Prinzip der Wahrhaftigkeit des Gefühls. Dieses Konzept, verbunden mit einem rezitativischen Gesangstil, ließ glanzvolle Sängervirtuosität nicht zu. In einem Vorwort zum Druck der »Alceste«-Partitur faßte Gluck seine Ideen zusammen:

»Bei der Musik zur »Alceste« war mein Vorsatz, alle die Mißbräuche zu beseitigen, die durch Eitelkeit der Sänger und Nachgiebigkeit der Musiker in die italienische Oper eingedrungen sind und aus dem prunkvollsten und schönsten aller Schauspiele das lächerlichste und langweiligste gemacht haben. Ich gedachte die Musik auf ihre wahre Aufgabe zu beschränken: durch ihren Ausdruck der Poesie zu dienen, ohne die Handlung zu unterbrechen oder mit unnützem Überfluß an Ornamentik abzukühlen und glaubte, daß sie — ähnlich wie einer richtigen, gut angelegten Zeichnung gegenüber die Lebhaftigkeit der Farben und der Gegensatz von Licht und Schatten — die Gestalten beleben müsse, ohne die Konturen zu verändern ... Ich habe versucht, eben alle jene Auswüchse zu bannen, gegen die der gute Geschmack und die Vernunft längst ihre Stimme erhoben haben.«[7]

Nach Gluck näherte sich die französische Tragédie lyrique der italienischen Opera seria an, was eine Ausweitung des musikalischen Anteils zur Folge hatte (wie umgekehrt auch die italienische Oper Momente der französischen in sich aufnahm).

1752 hatte eine reisende italienische Operntruppe in Paris (neben anderen Stücken) Pergolesis »La serva padrona« aufgeführt und in Frankreich eine Begeisterungswelle für die komische Oper ausgelöst, die auch hier in Konkurrenz zur ernsten Oper trat. Den vorbildlichen Typ der französischen komischen Oper (Opéra comique), deren Entwicklung sich bis zum Anfang des 18. Jh. zurückverfolgen läßt, schuf Jean Jacques Rousseau 1752 mit seinem »Le Devin du village«, und Gluck führte auch diesen volkstümlichen Opernzweig mit einigen Kompositionen zu einem ersten Höhepunkt. In der Opéra comique ist das bei den Italienern übliche Secco-Rezitativ durch gesprochenen Dialog ersetzt. Die Handlungen sind weniger komisch, witzig oder satirisch als beschaulich. Wichtigstes musikalisches Element waren die Vaudevilles, einfache strophische Melodien auf aktuelle Texte. In den 80er Jahren verschwand das Vaudeville und wurde gegen Arien und Arietten ausgetauscht. Die Opéra comique hatte großen Einfluß auf die Entwicklung des deutschen und Wiener Singspiels.

Auf eine differenzierte Aussprache legte auch der Sänger und Gesangspädagoge Jean-Baptiste Bérard in seiner Schrift »L'Art du chant« (Paris 1755) Wert, denn die Gesangskunst ist untrennbar mit den Sprachorganen verbunden. Durch Untersuchungen am Leichenkehlkopf gewann er Einsichten in die Funktion der Stimme und fand heraus, daß die ausströmende Luft von den Stimmlippen in Schwingung versetzt wird, während das Ansatzrohr klangmodifi-

---

[7] Zitiert aus Guido Adler (Hrsg.): Handbuch der Musikgeschichte, München 1975, S. 733

zierende Funktion hat. Bérard konnte sich bereits auf eine Abhandlung des Arztes und Physiologen Antoine Ferrein »De la formation de la voix de'l homme« aus dem Jahr 1741 stützen, in der Sprache und Gesang des Menschen wissenschaftlich dargestellt worden waren. (1756 erschien unter dem Titel »L'Art ou les Principes philosophiques du chant« eine Schrift des Abbé Josephe Blanchet, die sich mit der von Bérard fast wörtlich in einigen Kapiteln deckte, was einen Originalitätsstreit entfachte).

Der skizzierte eigene Weg der französischen Gesangspädagogik ging zu Ende, als um 1800 das Pariser Konservatorium die Prinzipien der italienischen Methode in den Lehrplan übernahm (wie ja auch in die französische Oper die virtuose Arie integriert wurde).

Die französische Oper in der ersten Hälfte des 19. Jh. stellte jedoch an die Sängerstimme Anforderungen, die mit der alten italienischen Gesangsmethode allein nicht mehr zu erfüllen waren. Im Anschluß an die späten Opern von Gluck entstand ein dramatischer Opernstil, der vom Sänger nicht allein Beweglichkeit der Stimme, sondern auch voluminöse Durchschlagskraft verlangte. Diese Tendenz mündete in die prunkvolle große historische Oper (Grand Opéra), die vor allem von Giacomo Meyerbeer und dem Librettisten Eugène Scribe repräsentiert wurde (wegbereitend waren Luigi Cherubini, Gasparo Spontini und Daniel François Auber).

Der Pariser Tenor Gilbert Duprez machte in den 30er Jahren des 19. Jh. auf eine Möglichkeit aufmerksam, hohe Töne mit dunkler, voluminöser Stimme singen zu können. Er unterschied eine gedeckte Tongebung (»voix sombrée«) von einer offenen (»voix blanche«). Bei der gedeckten Stimme wird durch Tiefstellen des Kehlkopfes eine Erweiterung der Resonanzräume bewirkt, die der gewünschten dramatischen Durchschlagskraft entgegenkommt. (Dieses Tiefstellen des Kehlkopfes wurde dann vor allem von den deutschen Gesangspädagogen der zweiten Jahrhunderthälfte aufgegriffen).[8]

---

[8] Seine Gesangschule »L'art du chant«, Paris 1845 erschien 1846 auf deutsch.

Im Zentrum der französischen Gesangspädagogik des 19. Jh. steht der Spanier Manuel Garcia, der erst in Paris und nach 1848 in London wirkte. Sein Lehrbuch »Traité complet de l'art du chant« (Partie I Paris 1847) machte Schule. (Auf deutsch erschien es 1858 unter dem Titel »Die Kunst des Gesanges«). Er versuchte, die italienische Gesangsmethode den gewandelten Bedürfnissen anzupassen, indem er sie mit neuen stimmphysiologischen Einsichten verband. Seine über bloße Erfahrungswerte hinausgehende Lehre wurde zum Ausgangspunkt einer neuen Gesangspädagogik, die sich immer weiter von ihrer italienischen Herkunft entfernte, wie auch das alte Belcanto-Ideal dem neuen dramatischen Singideal wich.

Im Gegensatz zu den älteren Schriften (wobei Mancini eine Ausnahme bildet) steht bei Garcia die Stimmbildung im Mittelpunkt des Interesses auf der Basis einer möglichst genauen, auf eigenen Beobachtungen beruhenden Beschreibung der ineinandergreifenden Teile des Gesangsmechanismus. Den für die Singstimme wesentlichen Begriff »Register« (Garcia unterscheidet drei Register: das Kopf- (»voix de tête«), das Falsett- (»voix de fausset«) und das Brustregister (»voix de poitrine«)) definierte er grundlegend:

»Unter dem Wort Register verstehen wir eine Reihe aufeinander folgender, von der Tiefe zur Höhe gehender homogener Töne, die durch die Entwicklung desselben mechanischen Prinzips hervorgebracht werden, und deren Natur sich ganz augenscheinlich von einer anderen Reihe ebenfalls aufeinander folgender homogener Töne unterscheidet, die durch ein anderes mechanisches Prinzip erzeugt werden. Alle Töne, die demselben Register angehören, sind folglich von gleicher Natur, welche Veränderungen man im übrigen auch hinsichtlich Klangfarbe oder Stärke vernimmt.«[9]

Ziel der Stimmbildung ist auch bei Garcia das Erreichen einer bruchlosen Verbindung dieser Register. Die über der

[9] Zitiert aus Franz Thomas: Die Lehre des Kunstgesanges nach der altitalienischen Schule, Berlin 1968, S. 60

Bruststimme liegende »voix de fausset« hat nichts mit der Fistelstimme, die beim künstlerischen Gesang keine Verwendung findet, zu tun, sondern entspricht eher dem italienischen »falsetto«. Während die Italiener aber nicht klar das Falsett vom Kopfregister trennten, ist ihm bei Garcia ein eigener Bereich zwischen Kopf- und Brustregister zugewiesen (wobei es sich mit der oberen Lage der Bruststimme teilweise überlappt), was zu der Bezeichnung »voix mixte« oder »Mittelregister« geführt hat. (Die Männerstimme soll nach Garcia allerdings nur zwei musikalisch brauchbare Register haben, Bruststimme bis zur Mittellage, Falsett für die obere Oktave).

Die Grundsätze Garcias wurden vor allem von den deutschen Gesangspädagogen aufgegriffen und weitergeführt. Doch dauerte es noch viele Jahrzehnte, bis Franziska Martienßen-Lohmann mit Recht schreiben konnte:

»Nicht umsonst hat die deutsche Stimmbildung die heutige italienische überholt. Die Italiener sind auf den Erfahrungslehren stehen geblieben ... Sie sind gewohnt, das Instrument als gegeben immer vorauszusetzen ... Die deutsche Stimm»bildung« (...) aber faßt ihre Aufgabe an der Wurzel ... Aus dieser notwendigen »Wurzelarbeit« heraus haben sich aber dem deutschen Stimmbildner auch die weiteren Entwicklungs- und Aufbaugesetze mit ganz anderer Klarheit, Folgerichtigkeit und zwingender Notwendigkeit ergeben, als das sonst möglich gewesen wäre.«[10]

[10] Ausbildung der Gesangs-Stimme, Wiesbaden 1957, S. 17

Die Entwicklung
der deutschen Gesangspädagogik

Ein ausführliches Zeugnis über die stimmlichen Forderungen an den Choralsänger ist durch Conrad von Zaberns Abhandlung »De modo bene cantandi choralem cantum in multitudine personarum« (Mainz 1474) überliefert. Er geht davon aus, daß jede Stimme verbesserungsbedürftig ist. Die tiefen Töne sollten mit voller Brust, die hohen dagegen mit zarter Stimme, ohne plötzlichen Wechsel der Klangqualität, gesungen werden. Conrad von Zabern beschreibt für den Gregorianischen Choral ein Stimmideal, das ebenso auf dem Ausgleich der Register basiert, wie später das des Belcanto-Gesangs. Verbesserungsbedürftige Stimmfehler sind nach ihm Singen durch die Nase, Herauspressen der Stimme sowie das Herausschreien hoher Töne mit voller Lunge. Zu den schlechten Angewohnheiten gehören weiterhin undeutliche Aussprache, gehauchter Stimmeinsatz, Herauf- oder Herunterziehen der Töne, unsaubere Intonation, ausdrucksloses Singen, unnötige Bewegungen und Gesichtsverzerrungen.

Diese für die Zeit sehr detaillierte Beschreibung des Gesangideals war allerdings ebensowenig im nationalen Sinne »deutsch«, wie die 55 Jahre spätere des Blasius Rossetti »italienisch«. Beide übernahmen den weltumspannenden Gültigkeitsanspruch der katholischen Kirche.

Ähnliche Forderungen an den Wohlklang der Singstimme stellte 1556 Hermann Finck im vierten Buch »De arte eleganter et suaviter cantandi« seiner »Practica Musica«. Voraussetzungen des guten Singens sind nach ihm Atembeherrschung, leichte Höhe, volle Tiefe sowie unverfälschte Aussprache.

Leichtigkeit der Tongebung, vor allem in hoher Lage, ist auch ein zentraler Wunsch des Leipziger Thomaskantors Sethus Calvisius in seinem »Compendium musicae...« 1602:

»Nicht darf der Wohlklang leiden, indem die Stimme durch übermäßige Kraft in die Höhe getrieben wird oder in Trägheit absinkt.«[11]

Im 16. und 17. Jh. gingen die wirkungsvollsten musikalischen Neuerungen von Italien aus, und der starke italienische Einfluß auf deutsche Komponisten zeigt sich nicht zuletzt auch in der Übernahme des Belcanto-Gesangideals. Aus dem 17. Jh. sind verschiedene Schriften überliefert, die versuchen, Prinzipien des italienischen Operngesanges der deutschen protestantischen Musikkultur einzuverleiben. Die Grundlage lieferte ein kurzes Kapitel über die neue italienische Manier aus dem III. Teil der Abhandlung »Syntagma musicum« (Wolfenbüttel 1619) des Komponisten Michael Praetorius. (Neben anderen bezogen sich Johann Andreas Herbst »... eine kurtze Anleitung zum Singen ...«, Nürnberg 1642, zweite erweiterte Ausgabe Frankfurt 1653 und Wolfgang Caspar Printz »... Kurtzer Begriff aller derjenigen Sachen, so einem, der die Vocal-Music lernen will, zu wissen von nöthen seyn ...«, Dresden 1689, in ihren Schriften auf Praetorius).

Das entspricht einer allgemeinen Tendenz der norddeutschen evangelischen Kirchenmusik, die, auf der weiterhin gültigen Basis kontrapunktischer Kompositionsweise, den neuen monodischen Stil in ihre Satztechnik integrierte. (Neben einer großen Zahl komponierender Kantoren sind als herausragende Meister Michael Praetorius, Heinrich Schütz, Johann Hermann Schein, Samuel Scheidt, Dietrich Buxtehude und Johann Sebastian Bach zu nennen).
Zu den Hauptgattungen zählen geistliche Konzerte, Kantaten, Evangelien- und Passionshistorien, die mit ihrer musikalischen Ausdruckskraft schon im Diesseits auf die himmlischen Chöre einstimmen sollen. Deutsche Sänger fanden im 17. Jh. vor allem in dieser, an Expressivität den ita-

---

[11] Zitiert aus Albert Allerup: Die »Musica practica« des Johann Andreas Herbst und ihre entwicklungsgeschichtliche Bedeutung, Kassel 1931, S. 32

lienischen Monodien kaum nachstehenden Kirchenmusik Aufgaben, was die Adaption des Belcanto-Ideals im geistlichen Bereich ermöglichte.

Praetorius, der sich auf den Caccini-Kreis beruft, erwartete vom Sänger, daß er

»erstlich eine schöne liebliche zittern- und bebende Stimme ... habe: Zum Andern / einen stetten langen Athem / ohn viel respiriren, halten können: Zum dritten auch eine Stimm als Cantum, Altum oder Tenor etc. erwehlen / welche er mit vollem und hellem laut / ohne Falsetten / (das ist halbe und erzwungene Stimme) halten könne.« (Syntagma musicum III, 1619, S. 231).

Er übernimmt von den Italienern das Ideal einer wohlklingenden natürlichen, nicht künstlich fistulierenden Stimme mit schwebendem Vibrato. Stimmfehler sind nach ihm:

»daß etliche mit vielen respiriren und Athem schöpffen: etliche durch die Nasen und mit unterhaltung der Stimm im Halse: etliche mit zusammen gebissenen Zeenen singen.« (S. 232).

Der Schütz-Schüler Christoph Bernhard, während eines Italienaufenthalts auch von dem bedeutenden Oratorien- und Kantatenkomponisten in Rom Giacomo Carissimi beeinflußt, schrieb am Ende seiner kleinen Abhandlung »Von der Singe-Kunst oder Manier« um 1657 zusammenfassend über die Unarten beim Gesang:

»In Summa, ein Sänger soll nicht durch die Naasen singen. Er soll nicht Stammlen, sonst ist er unverständlich. Er soll nicht mit der Zung anstoßen oder lispeln, sonst versteht man ihn kaum halb. Er soll auch die Zähne nicht zusamm schließen, noch den Mund zu weit aufthun, noch die Zung über die Lefzen herausstrecken, noch die Lippen aufwerfen, noch den Mund krümmen, noch die Wangen und Nasen verstellen wie die Meerkatzen, noch die Augenbrauen zusammen schrumpfen, noch die Stirn runtzeln, noch den Kopf oder die Augen darinnen herumdrehen, noch mit denselben blinzen, noch mit den Lefzen zittern etc.«[12]

---

[12] Zitiert nach Joseph Müller-Blattau (Hrsg.): Die Kompositionslehre H. Schützens in der Fassung seines Schülers Christoph Bernhard, Kassel 1963 (2. Auflage), S. 39

Bernhard, als Sänger und Komponist geachtet, versuchte, ebenso wie die übrigen deutschen Autoren, das neue Ausdrucks-Ideal mit einer älteren kirchlichen Praxis zu verbinden.

Eine deutsche Oper, die deutsche Sänger benötigte, konnte sich im 17. Jh. wegen der kulturellen Zersplitterung nach dem 30jährigen Krieg nur schwer etablieren. Von einigen eigenen Ansätzen abgesehen — so komponierte Heinrich Schütz 1627 nach einem Text von Martin Opitz eine »Daphne«, die allerdings verschollen ist — herrschte an den deutschen Fürstenhöfen vor allem die italienische Oper mit italienischen Sängern.

1678 wurde in Hamburg nach dem Vorbild von Venedig die erste stehende deutsche Oper eingerichtet, und die anfangs bescheidenen stimmlichen Anforderungen entwickelten sich nach 1690 bis zum virtuosen Koloraturengesang. Wie in Italien bewegten sich tragende Männerpartien außer in den »natürlichen« Lagen auch im Altbereich, doch wurden sie nicht mit Kastraten, sondern mit falsettierenden Sängern besetzt. Bedeutende Komponisten der Hamburger Oper waren neben Johann Sigmund Kusser, Reinhard Keiser und Johann Mattheson auch Georg Friedrich Händel und Georg Philipp Telemann. Bevor sich aber eine eigenständige deutsche Oper, und damit auch eine deutsche Gesangspädagogik entwickeln konnte, versickerten die nationalen Ansätze um 1740 wieder. Die metastasianische Opernform beherrschte im 18. Jh. die Hoftheater. (Zu den berühmtesten deutschen Komponisten dieser italienischen Richtung gehörte Johann Adolf Hasse).

Den Anstoß zu einer deutschen Gesangspädagogik gab der Bach-Schüler Johann Friedrich Agricola mit seiner »Anleitung zur Singkunst« (Berlin 1757), einer kommentierten Übersetzung von Tosis Abhandlung aus dem Jahr 1723. Agricola versuchte, den italienischen Registerbegriff physiologisch zu fundieren und bezog sich dabei auch auf das 1755 erschienene Buch von Bérard. (Ähnlich dem aus italienischen und französischen Elementen »vermischten« Kompositionsstil der aufblühenden deutschen Musik um die Mitte des Jahrhunderts verband Agricola italienische Erfahrung mit französischer Akribie zu einem Modell, das Schule machte).

Die sorgfältig nach den Prinzipien des Belcanto-Ideals ausgebildete Stimme sollte mit den Tendenzen des sich wandelnden deutschen Musik-Ideals in Übereinstimmung gebracht werden. Die hauptsächlich von der Aristokratie getragene Musikkultur wurde allmählich von einer bürgerlichen abgelöst, deren Akzent, im Gegensatz zum virtuos-verschnörkelten Gesangideal, auf ausdrucksvoller Kantabilität lag. Musik wird durch ihre Fähigkeit, Gemüt und Gefühl zu rühren, zur Kunst der Empfindsamkeit, und Gesang ist ihre Basis.

Weitere gesangspädagogische Schriften des 18. Jh., unter denen die von Johann Adam Hiller » Anweisung zum musikalisch-richtigen Gesange« (Leipzig 1774) und »Anweisung zum musikalisch-zierlichen Gesange« (Leipzig 1780) hervorstechen, bezogen sich auf Agricola.

Hiller legte nicht nur Wert auf einwandfreie musikalische Realisation, sondern auch auf sprachliche und geistige Durchdringung des Textes. Gut gesprochen ist nach ihm schon halb gesungen, d. h. der musikalische Ausdruck ergibt sich dann von selbst. Dieser interpretatorische Ansatz wurde für die deutsche Gesangspädagogik wegweisend. Hiller ging aber wie Agricola noch ganz vom italienischen Belcanto-Ideal aus und er fragte sich,

»ob die Deutschen je Lust bekommen sollten, sich in der guten Art zu singen einen Schritt weiter bringen zu lassen. An der Lust möchte es ihnen wohl eben so wenig fehlen, als am Talente; aber Gelegenheit und Ermunterung fehlen gar sehr.« (Anweisung zum musikalisch-zierlichen Gesange, 1780, Vorrede S. II / III).

In Deutschland gibt es nicht, wie in Italien, Sing- und Musikschulen und auch das Gesangstheater steckt in der Misere:

»Noch haben wir kein singendes Theater, sondern es läuft so etwas demselben Aehnliches neben der Comödie her, und wird von dieser so im Zaume gehalten, daß es in solcher Verfassung nicht leicht der Sammelplatz deutscher Virtuosen werden wird.« (Vorrede S. VII)

Hiller selbst war als Singspielkomponist maßgeblich an der Entwicklung zur deutschen Oper beteiligt, doch stellte er sich diese, wenn sie in Konkurrenz zur Opera seria treten sollte, die an den deutschen Hoftheatern dominierte, anders vor als die bescheidenen Möglichkeiten seiner Zeit es gestatteten.

Das begeistert aufgenommene deutsche Singspiel knüpfte um die Jahrhundertmitte direkt an die englische »Beggar's Opera« von 1728 an, die John Gay und John Christopher Pepusch als Parodie auf die Opera seria, an deren Schema sich auch die Opern Händels in London anlehnten, kreiert hatten. Beeinflußt wurde es dann auch von der Opera buffa und vor allem der Opéra comique und stand durch seine bewußte Volkstümlichkeit im Gegensatz zur ernsten, von der Aristokratie getragenen Oper. Das Singspiel war ursprünglich eine gesprochene Komödie mit Liedeinlagen und weitete sich zur Oper mit gesprochenem Zwischendialog aus. Hauptträger waren reisende Schauspieltruppen. Die Sänger hatten keine besondere Gesangsausbildung erhalten, sondern kamen aus dem Reservoir stimmbegabter Schauspieler. Nur die Hauptpartien mußten später von geschulten Sängern übernommen werden.

Nach dem Bericht des reisenden Engländers Charles Burney (»Tagebuch einer musikalischen Reise«, Hamburg 1773), der eine Probe Hillers mit der bekannten Kochschen Theatertruppe am 26.9.1772 erlebt hatte, waren die stimmlichen Voraussetzungen gering:

»Die Musik kam mir sehr natürlich vor und gefiel mir und verdiente nach meiner Meinung viel bessre Sänger, als die gegenwärtige Gesellschaft hat; denn, die Wahrheit zu sagen, singen sie so gemein und alltäglich, als bey uns die Leute zu singen pflegen, welche weder den Vortheil eines musikalischen Unterrichts gehabt noch jemals gute Sänger gehört haben. Sie haben gerade den kreischenden Hauch, wenn sie die hohen Noten angeben, und stossen ihn mit der vollen Stärke heraus, gleich dem starken Anschlage einer Strohfiddel, anstatt ihn mit einer Messa di voce oder Schweller aufzunehmen.«

Der deutsche Singschauspieler, der im Drama und in der Oper aufzutreten hatte, existierte noch bis zur Mitte des 19. Jh. weiter.

Hillers Anliegen war es, mit seiner Gesangschule einen weiteren Grundstein zur angestrebten großen nationalen deutschen Oper zu legen, deutsche Sänger auszubilden, die den italienischen standzuhalten vermochten. Er übernahm, vermittelt durch Agricola, die Prinzipien Tosis und würdigte seinen Zeitgenossen Mancini. Der Ton soll hell und frei, ohne Zwang und Druck aus der Brust strömen, dabei muß er

voll und biegsam sein, sich den Wendungen der Melodie an-
schmiegend. Leichtigkeit, Mühelosigkeit, Sparsamkeit im
Atemgebrauch waren ebenso für die Gesangskultur entscheidend wie Ausgeglichenheit der Register und des Um-
fangs (zwei Oktaven) sowie die Fähigkeit, laut zu singen, ohne zu schreien und leise, ohne zaghaft zu werden. Ebenso
wichtig ist eine saubere Intonation. Das alles deckt sich mit
dem italienischen Belcanto-Ideal. Deutsch ist aber für das
18. Jh., daß die Stimme als Trägerin des Ausdrucks in den
Mittelpunkt rückt, Stimmbildung nur betrieben wird, um
eine optimale Werkwiedergabe zu erreichen. Wichtiger als
virtuose Koloraturtechnik ist die Wandlungsfähigkeit der
Stimme, gepaart mit deutlicher sprachlicher Artikulation.
Schon bei Agricola steht der Sänger — im Gegensatz zur italienischen Praxis, aber in Anlehnung an die französische —
nur noch weitgehend im Dienste des Komponisten, der sein
Werk immer genauer ausarbeitet und somit keine Willkür
mehr zuläßt. Der Interpret hat durch agogische und dynamische Schattierungen den Ausdruck auszuloten, freie melodische Auszierungen werden sparsamer eingesetzt.
Hillers Ansatz, die italienische Gesangsmethode mit der
deutschen Sprache zu verbinden, wurde 1824 in Peter von
Winters »Vollstaendiger Singschule« weitergeführt, wodurch die deutsche Gesangspädagogik erneut Auftrieb be-
kam.
Trotz dieser nationalen Modifikationsversuche blieb die italienische Gesangsmethode in Deutschland noch bis zur
Mitte des 19. Jh. dominierend. (So bei Heinrich F. Mann-
stein »Das System der großen Gesangschule des Bernacchi
von Bologna«, Leipzig 1835).
Den Versuch einer umfassenden Erklärung des Gesanges
unternahm seit 1841 der Sänger und Pädagoge Christian
Gottfried Nehrlich, zuletzt in der Abhandlung »Die Gesangkunst physiologisch, psychologisch, ästhetisch und pä-

dagogisch dargestellt« (zweite vermehrte Auflage Leipzig 1860). Er versuchte, die alte italienische Gesangsmethode mit neuen physiologischen Forschungen zu verbinden und berief sich dabei vor allem auf den Physiologen Johannes Müller, der, in Anlehnung an ältere Experimente, die Physiologie der Stimme wissenschaftlich fundiert hatte. (Als grundlegendes Werk der Stimmforschung veröffentlichte Müller 1837 seine »Untersuchungen über die menschliche Stimme«). Gleichzeitig legte Nehrlich aber besonderen Wert auf die »seelischen Kräfte« des Singens. Für ihn bedeutet Gesangspädagogik:

»Ein für den Unterricht auf Regeln zurückgeführtes, und aus tiefer Erkenntniss der Natur und ihrer Gesetze geschöpftes, also dem Leben entnommenes, und von ihm bedingtes naturgemässes Verfahren, zur höchsten Ausbildung der einzelnen — dem vollendeten Gesang erforderlichen — organischen und seelischen Kräfte, in gegenseitigem Gleichgewicht, für eine Harmonie des Ganzen.« (Die Gesangkunst, 1860, S. 72).

Vollendetes Singen findet erst dann statt, wenn der schöne Gesangston sich mit dem Text zur untrennbaren Einheit verbindet:

»Der Ton, welcher des Namens »schön« würdig sein will, muss weich und voll, sanft, edel und charakteristisch, sein inneres Wesen gleichsam eine Seele sein, die auf den Hörer einen das ganze Innere ergreifenden Einfluss ausübt, und selbst ohne Worte verständlich wird. Treten letztere aber im Gesange hinzu, so muss dieser Ton durch seinen Charakter, stets dem vollen Sinne der Textworte entsprechend, sie gleichsam erklären.« (S. 177).

Diese Auffassung Nehrlichs vom Singen zielte auf eine spezifisch deutsche Vokalmusik, wie sie sich vor allem in den Gattungen Lied und Oper seit 1815 herausgebildet hatte.

Das deutsche Gesangideal, wie es unmißverständlich von Richard Wagner gefordert wurde, entwickelte sich parallel zur nationalen Oper, die eines der musiktheoretischen und kompositorischen Hauptanliegen in der ersten Hälfte des 19. Jh. war. Immer noch beherrschte die italienische Oper das Theater, und deutsche Komponisten taten sich schwer, eigene

Ansätze zu finden. 1840 faßte Wagner das italienisch-deutsche Opernverhältnis zusammen:

»Die Oper hatte seit ihrem ersten Entstehen in Italien einen so sinnlichen und prunkenden Charakter angenommen, daß sie in dieser Gestalt den ernsten, gemütvollen Deutschen unmöglich das Bedürfnis ihres Genusses abgewinnen konnte... Derjenige deutsche Komponist, der auch Opern schreiben wollte, mußte italienische Sprache und italienische Gesangsmanier erlernen und konnte nur beifällig aufgenommen werden, wenn er sich als Künstler gänzlich denationalisiert hatte. Nichtsdestoweniger waren es aber oft Deutsche, welche auch in diesem Genre den ersten Preis erhielten... Der deutsche Genius scheint fast bestimmt zu sein, das, was seinem Mutterlande nicht eingeboren ist, bei seinen Nachbarn aufzusuchen, dies aber aus seinen engen Grenzen zu erheben und somit etwas Allgemeines für die ganze Welt zu schaffen.« (R. Wagner: Über deutsches Musikwesen).

Wagner verweist hier auf eine deutsche Eigenart, aus der Synthese verschiedener Stile einen eigenen zu gewinnen, der die ursprünglich fremden in sich aufhebt. Im Opernbereich entsprach neben dem mittel- und norddeutschen das Wiener Singspiel (unter anderem in den 1780er Jahren vertreten durch die komischen Opern Karl Ditters von Dittersdorfs) diesem Ansatz. Seine Blütezeit hatte es seit der Idee Kaiser Josephs II., ein deutsches Nationalsingspiel ins Leben zu rufen, das 1778 eröffnet wurde, allerdings nur bis 1788 bestand. Hauptwerke dieser Richtung sind Mozarts »Entführung aus dem Serail« 1782 und »Die Zauberflöte« 1791. In seinem Aufsatz »Über deutsches Musikwesen« vollzog Richard Wagner diese Entwicklung zur deutschen Oper hin nach:

»Es war dies der Genre des deutschen Singspiels, wie er, fern vom Glanze der Höfe, mitten unter dem Volke entstand und aus dessen Sitten und Wesen hervorging. Dieses deutsche Sinspiel, oder Operette, hat eine unverkennbare Ähnlichkeit mit der älteren französischen opéra comique. Die Sujets der Texte waren aus dem Volksleben genommen und schilderten die Sitten meist der unteren Klassen. Sie waren meist komischen Inhalts, voll derben und natürlichen Witzes... Das Entscheidendste geschah dann endlich: Mozart selbst schloß sich dieser volkstümlichen Richtung der deutschen Operette an und komponierte auf deren Grundlage die erste große deutsche Oper »Die Zauberflöte«. Der Deutsche kann die Erscheinung dieses Werkes gar nicht erschöpfend genug würdigen. Bis dahin hatte die deutsche Oper so gut wie gar nicht existiert; mit diesem Werke war sie erschaffen.«

Einen weiteren Meilenstein auf dem Weg zur deutschen Oper — und damit zu einem deutschen Gesangstil — bildet Beethovens »Fidelio« 1814. (Die ersten Fassungen 1805/06 waren noch »Leonore« betitelt). Beethoven nutzte hier vor allem die Tradition der französischen Rettungs- und Schreckensoper (mit ihrem Handlungskern, der Errettung aus auswegloser Not), die sich, als realistischer von den Zeitumständen geprägter eigener Typ, aus der Opéra comique herausgeschält hatte, um die Idee der Menschheitsverbrüderung, nach dem Einbruch politischer Gewalt in die familiäre Sphäre, auf der Bühne zu versinnbildlichen. Wie schon bei den späten Opern Glucks und bei Mozarts »Zauberflöte« erwächst der dramaturgische Verlauf aus einem idellen Kern, der sich in den Charakteren und ihrem Gesangstil widerspiegelt.

In der deutschen romantischen Oper (wesentliche Vertreter sind Ernst Theodor Amadeus Hoffmann: »Undine« 1816, Louis Spohr: »Faust« 1816, »Jessonda« 1823, Carl Maria von Weber: »Der Freischütz« 1821, »Euryanthe« 1823, »Oberon« 1826, Heinrich Marschner: »Der Vampyr« 1828, »Der Templer und die Jüdin« 1829, »Hans Heiling« 1833) und der deutschen komischen Oper (Albert Lortzing: »Zar und Zimmermann« 1837, »Der Wildschütz« 1842, »Der Waffenschmied« 1846, Otto Nicolai: »Die lustigen Weiber von Windsor« 1849, Peter Cornelius: »Der Barbier von Bagdad« 1858) vereinigten sich die verschiedenen Strömungen zum erstenmal in betont nationaler Ausrichtung, doch gelang es erst Richard Wagner (mit »Der fliegende Holländer« 1843, »Tannhäuser« 1845, »Lohengrin« 1850, »Tristan und Isolde« 1865, »Die Meistersinger von Nürnberg« 1868, der Tetralogie »Der Ring des Nibelungen« abgeschlossen 1874 sowie dem Spätwerk »Parsifal« 1882), den italienischen und französischen Einfluß auf deutschen Theatern zurückzudrängen.

Richard Wagner gab den entscheidenden Anstoß zu einem deutschen Gesangstil, der sich in seine Gesamtkunstwerk-Konzeption einfügen sollte. Er forderte vom Sänger nicht nur stimmliche, sondern auch darstellerische Qualitäten — und beides vereint existierte nur in Ausnahmefällen, so daß adäquate Vokalsolisten für seine Musikdramen erst herangebildet werden mußten.

Der »Sing-Schauspieler« muß nach Wagner seine Natürlichkeit im Sprechen wie im Singen wiedergewinnen, die ihm anerzogene affektierte Theatralik verlieren, sich als Teil des Gesamtkunstwerkes begreifen lernen. Das krampfhaft falsche Pathos des Opernsängers verhindert Wirkung, die sich erst einstellt, wenn von einer natürlichen Basis aus das Pathos des Rührenden erreicht wird. Textverständlichkeit beim Gesang muß für den Darsteller ebenso selbstverständlich sein, wie die Kunst der Klangfarbennuancierung zum

Zwecke der Charakterisierung. Ziel ist ein deutscher Belcanto, der präzise sprachliche Artikulation mit italienischer Legato-Kunst verbindet.

Wagner sah diese Vorstellungen durch Friedrich Schmitt vertreten, der in seiner »Großen Gesangschule für Deutschland« (München 1854) zwar noch an die italienische Methodik anknüpfte, nach der Arbeit am »Instrument« Stimme aber besonderen Wert auf sprachliche Ausbildung, mit dem Ziel der Vereinigung von Wort und Ton, legte.

Größeren Einfluß übte Wagner auf einen Schüler Friedrich Schmitts, Julius Hey, aus, dessen Werk »Deutscher Gesangunterricht« (vier Bände Mainz 1886) auf den neuen Musikdramatischen Erfordernissen basiert. Vor der eigentlichen Stimmbildung durch Solfeggien und Koloraturübungen steht eine Sprechschule. Übungsziel ist die registermäßig ausgeglichene Stimme, der, bei deutlicher Artikulation, die Fähigkeit zur Gestaltung melodisch-instrumentaler Linien nicht abgehen darf. Durch Tiefstellen des Kehlkopfes wird ein voluminöser, durchschlagkräftiger Ton gewonnen, der, als neues Ideal, den helleren italienischen ablöst.

Ein weiterer bedeutender Sänger und Lehrer der Zeit, Julius Stockhausen, war in seiner »Gesangsmethode« (Leipzig 1884) zu ähnlichen Ergebnissen gekommen, obwohl er einen anderen Ausgangspunkt und Hintergrund hatte.

Der Schüler Manuel Garcias setzte sich vor allem für das deutsche Klavier-Lied ein, das im 19. Jh. durch die Werke Franz Schuberts und Robert Schumanns zu den angesehensten musikalischen Gattungen aufgestiegen war. Als Interpret der Lieder seines Freundes Johannes Brahms trug er dazu bei, diese intime, von enger Wort-Ton-Verbindung lebende Gattung einem größeren Hörerkreis zugänglich zu machen. Öffentliche Liederabende wurden aber erst ab ca. 1885 üblich.

Stockhausen fordert ebenfalls den durch Tiefhalten des

Kehlkopfes gebildeten dunklen Ton. Die Stimme wird von Vokalen, den Trägern des Klanges, aus gebildet, und die Erarbeitung des Vokalausgleichs ist ein zentrales Problem. Konsonanten helfen, den Ton zu fördern. Stockhausen versucht in seiner Lehre, wie Hey, die bewährte italienische Stimmbildungsmethode dem neuen deutschen Klangideal anzupassen, wobei er der sprachlichen Gestaltung eine wesentliche Rolle zugesteht.

In kritischer Distanz zu den »Methoden« seiner Vorgänger und Zeitgenossen sah der Gesangspädagoge Müller-Brunow in der vielbeachteten Schrift »Tonbildung oder Gesangunterricht?« (Leipzig 1890) als grundsätzliches Ziel der Stimmbildung ein Suchen nach dem Eigenton des Menschen an. Singen wird bei ihm zum mühelosen Spiel mit zum Klingen gebrachter Luft. Bedauernd stellte er auch für den italienischen Sänger fest:

»Die italienische Art zu singen hat ausgeartet, indem der früher edle Gesang der Kantilene sowie der Koloratur nur einer möglichst schmetternden und glänzenden Schreierei Platz gemacht hat.« (S. 15).

Entsprechendes gilt für den deutschen Weg ins 19. Jh.:

»Der schlichte Gesang der Naivität nach Mozartisch-deutsch-italienischer Art hat sich durch die neue Musikrichtung im recitierenden Tondrama einen neuen Gesangesweg suchen müssen, aber das Singen dabei vergessen, um an Stelle dessen zum Schreien und zum Brüllen überzugehen.« (S. 15/16).

Gegen diese einseitigen Tendenzen fordert Müller-Brunow:

»Eine ausgebildete Stimme soll Alles singen können mit gleicher Inanspruchnahme ihrer organischen Thätigkeit.« (S. 16).

Hier ist die Stimmbildung, an der Schwelle zum 20. Jh., in eine Phase eingetreten, die nicht mehr auf eine spezielle Kunstrichtung hinzielt, sondern »Singen« als Selbstzweck anerkennt. (Ähnliche Auffassungen wie Müller-Brunow vertrat in dieser Zeit nur noch Siga Garsò etwa in seiner »Schule der speziellen Stimmbildung auf der Basis des losen Tones«, Berlin 1908). Die Stimmbildung spaltete sich damit von der traditionellen Gesangspädagogik als Sonderzweig ab.

Um die Jahrhundertwende neigten die deutschen Gesangspädagogen dazu, von der gewonnenen Basis aus individuelle Ausbildungsmuster zu entwickeln, was zu heftigen Methodenstreitigkeiten führte.[13] Zwei weit ins 20. Jh. hineinreichende Parteien bildeten sich etwa um das »Stauprinzip« von George Armin (»Das Stauprinzip«, Straßburg 1904) und um das »Minimalluftprinzip« von Paul Bruns (»Minimalluft und Stütze«, Berlin-Charlottenburg 1929, zweite erweiterte Auflage).

Armin weitete die Beobachtung, daß sich die Stimmlippen der im Brustbereich gestauten Luft als Widerstand entgegenstellen und dadurch ein gewünschter Spannungszustand entsteht, zur Methode aus. Auf der verdichteten Luftsäule soll dann der Ton schweben.

Bruns versuchte, über das freie Laufenlassen des Zwerchfells, verbunden mit Weitung der Resonanzräume, zum gleichen Ergebnis zu kommen. Die Resonanzräume sollen wie eine Glocke über dem mühelos strömenden Atem geöffnet sein. Zuviel Luft verursacht automatisch schädliche Verengungen, weshalb die Einatmung nicht forciert werden darf.

In den 20er und 30er Jahren des 20. Jh. versachlichte sich allmählich die anhaltende Diskussion um Stimmbildungsmethoden. (Von weitreichender Bedeutung waren etwa die Bücher von Otto Iro »Diagnostik der Stimme«, Wien 1923, ausgeweitet zu »Diagnostik und Pädagogik der Stimmbil-

---

[13] Erwin Roß stellte 1935 in seinem Beitrag: Gesang und Gesangsmethoden, in: Hohe Schule der Musik Bd. III (Hrsg. J. Müller-Blattau), Neudruck Laaber 1981, S. 1-75 ausführlich unterschiedliche Stimmbildungstendenzen zu Beginn des 20. Jh. vor.

dung«, Wiesbaden 1961, und Paul Lohmann »Stimmfehler, Stimmberatung«, Mainz 1938, neu durchgesehene Auflage 1964). Auch die Ergebnisse einer fundierten Stimmforschung trugen dazu bei, die wirre Vielzahl von Meinungen zu objektivieren. (Grundlegende physiologische Untersuchungen stammen etwa von Ernst Barth: »Einführung in die Physiologie, Pathologie und Hygiene der menschlichen Stimme«, Leipzig 1911, und Max Nadoleczny: »Untersuchungen über den Kunstgesang«, Berlin 1923).

Weiterführende Literatur

Adler, Guido (Hrsg.): Handbuch der Musikgeschichte, München 1975

Allerup, Albert: Die »Musica practica« des Johann Andreas Herbst und ihre entwicklungsgeschichtliche Bedeutung. Ein Beitrag zur Geschichte der deutschen Schulmusik (Münsterische Beiträge zur Musikwissenschaft H. 1), Kassel 1931

Biehle, Herbert: Die ästhetischen Grundlagen der französischen Gesangskunst im 17. und 18. Jh., in: Zeitschrift für Musikwissenschaft 1929/30, S. 161-167
Die Stimmkunst. 1. Band Geschichtliche Grundlagen, Leipzig 1931
       2. Band Ästhetische Grundlagen, Leipzig 1932

Brand-Seltei, Erna: Belcanto. Eine Kulturgeschichte der Gesangskunst, Wilhelmshaven 1972

Braun, Werner: Die Musik des 17. Jh. (Neues Handbuch der Musikwissenschaft Bd. 4), Wiesbaden/Laaber 1981

Dahlhaus, Carl: Die Musik des 19. Jh. (Neues Handbuch der Musikwissenschaft Bd. 6), Wiesbaden/Laaber 1980

Dahlhaus, Carl (Hrsg.): Die Musik der 18. Jh. (Neues Handbuch der Musikwissenschaft Bd. 5), Laaber 1985

Fleischhauer, Ernst: Richard Wagners Forderungen an die Sängerstimme. Geschichtliches und Grundsätzliches zur deutschen Gesangskunst, Diss. Freiburg 1942

Fröhlich, Alfred: Zur Entwicklungsgeschichte der deutschen Gesangstechnik. (Von Johann Friedrich Agricolas: Singekunst des Tosi 1757 bis Friedrich Schmitts: Große Gesangschule für Deutschland 1854), Diss. Bonn 1925

Gartner, Jane: Die Gesangsschule G. B. Mancinis, in: Der junge Haydn (Beiträge zur Aufführungspraxis Bd. 1, Hrsg. Vera Schwarz), Graz 1972, S. 141-146

Geering, Arnold: Gesangspädagogik, in: Die Musik in Geschichte und Gegenwart Bd. 4, Kassel 1955

Gerold, Theodor: Zur Geschichte der französischen Gesangskunst im XVII. Jh. vor Gründung der Académie royale de musique, Diss. Straßburg 1909 (Text enthalten in: L'Art du chant en France au 17e siècle, New York 1973)

Göpfert, Bernd: Stimmtypen und Rollencharaktere in der deutschen Oper von 1815-1848, Wiesbaden 1977

Goldschmidt, Hugo: Die italienische Gesangsmethode des XVII. Jh. und ihre Bedeutung für die Gegenwart (nach Quellen jener Zeit dargestellt und erläutert), Breslau 1890, Neudruck Leipzig 1978

Handbuch der deutschen Gesangspädagogik I. Teil: Das erste Studienjahr, Leipzig 1896

Haböck, Franz: Die Kastraten und ihre Gesangskunst, Stuttgart/Berlin und Leipzig 1927

Hölzen, Hannelore: Die methodisch-pädagogischen Grundsätze deutscher Gesangskultur im 19. Jh. Dargestellt an ihrer Abgrenzung zu Italien und Frankreich, Diss. Münster 1958

Jacobi, Erwin R.: Einführung zur Neuausgabe von J. F. Agricolas Anleitung zur Singkunst, Celle 1966

Krech, Hans: Julius Hey und sein Sängerbildungsideal »Deutscher Gesangs-Unterricht«, Diss. Halle 1941

Moser, Hans Joachim: Gesangskunst, in: Die Musik in Geschichte und Gegenwart Bd. 4, Kassel 1955

Müller-Heuser, Franz: Vox humana. Ein Beitrag zur Untersuchung der Stimmästhetik des Mittelalters (Kölner Beiträge zur Musikforschung Bd. 26), Regensburg 1963

Osthoff, Helmuth: Der Gesangsstil der frühdeutschen Oper, in: Bericht über den internationalen Kongreß Singen und Sprechen in Frankfurt 1938, S. 11-17

Rosenberg, Wolf: Die Krise der Gesangskunst (orphia critica Bd. 1, Hrsg. K. Breh), Karlsruhe 1968

Roß, Erwin: Deutsche und italienische Gesangsmethode. Erläutert auf Grund ihrer geschichtlichen Gegensätzlichkeit im 18. Jh. (Königsberger Studien zur Musikwissenschaft Bd. 3), Kassel 1928

Gesang und Gesangsmethoden, in: Hohe Schule der Musik Bd. III (Hrsg. J. Müller-Blattau), Potsdam 1935, Neudruck Laaber 1981

Rummenhöller, Peter: Die musikalische Vorklassik, München/Kassel 1983

Scholz, Heinz Julius: Das Registerproblem in der deutschen Gesangspädagogik von Johann Agricola bis Friedrich Schmitt, Diss. Köln 1972

Sittner, Hans: Zur historischen Entwicklung der Gesangskunst, in: Österreichische Musikzeitschrift 1968, S. 668-673

Thomas, Franz: Die Lehre des Kunstgesanges nach der altitalienischen Schule, Berlin 1968

Ulrich, Bernhard: Über die Grundsätze der Stimmbildung während der Acappella-Periode und zur Zeit des Aufkommens der Oper — 1474-1640, Leipzig 1910

Die altitalienische Gesangsmethode. Die Schule des Belcanto, Leipzig 1933

Wichmann, Kurt: Erläuterungen zur Neuausgabe von J. F. Agricolas Anleitung zur Singkunst, Leipzig 1966

Wohlmuth, Hans: Die Grundsätze deutscher Gesangskultur von 1750 bis 1790, Diss. Wien 1924

I. Kapitel

Zur Kultivierung der Stimme

Die Kultivierung einer Singstimme hat zwei große, miteinander korrespondierende Bezugsbereiche. Zum einen ist sie auf die Reproduktion des Kunstwerks ausgerichtet — die Stimme wird zum Instrument gebildet, mit dem musikalische Anforderungen bewältigt werden können —, andererseits dient sie einer Vielzahl psychischer und physischer menschlicher Notwendigkeiten, die dem Singen einen hohen gesundheitlichen Stellenwert sichern. Die auf das Kunstwerk ausgerichtete Stimmbildung führt erst dann zum Erfolg, wenn sie, quasi als therapeutischer Nebeneffekt, auf die Bildung der Persönlichkeit zurückwirkt. Das äußere Funktionieren der Stimme hängt untrennbar mit der inneren Verfassung des Menschen zusammen — und nicht umsonst gilt der volltönende Stimmklang allgemein als Indiz für die Gesundheit. Der psychische Zustand wiederum läßt sich über das Singen, gerade auch von Kunstwerken, günstig beeinflussen.

Bei der Bildung der Singstimme ist es sinnvoll, neben den altbewährten Regeln der Gesangspädagogik auch neuere Ergebnisse einer therapeutisch ausgerichteten Atmungs- und Stimmschulung mit einzubeziehen — von den in der Logopädie angewandten Stimmtherapien zur Verbesserung funktioneller Stimmstörungen bis hin zu den Erkenntnissen einer das Singen fördernden Musiktherapie, die auf das menschliche Innenleben einwirken will.

Über die Beziehung des Stimmklanges zur Psyche schreibt der Musiktherapeut Manfred Richter:

»Die menschliche Stimme, »das akustische Ergebnis der Stimmlippenschwingungen im Stimmorgan«, wird zum Barometer seiner seelischen Ordnung. Sie offenbart, ob der Mensch richtig eingestimmt ist, auf sich und sein Umfeld, ob er überhaupt in Stimmung ist. Es ist viel erreicht, wenn in diesem Bereich alles stimmt.

Da aber wegen Mangels an Differenzierungsvermögen und anderer Fehlreaktionen oft nicht alles stimmt, können das Kennenlernen und der bewußte Einsatz der eigenen Stimme zur Minderung oder zum Abbau eigener seelischer Spannungen und Ängste beitragen.« (Aktive Musiktherapie in Gruppen, Stuttgart 1977, S. 87/88)

Edith Lecourt leitet die Bedeutung einer Arbeit an der Stimme von deren Funktion als wesentliches Ausdrucksmittel des Menschen ab:

»Einerseits ist sie Bestandteil des intimsten körperlichen und triebhaften Erlebens; andererseits in Form der Verbalisierung sekundäres Mittel der sozialen Kommunikation. Aus ihr selbst ist erst die Sprache hervorgegangen. So kann die Arbeit an und mit ihr, für den »Therapeuten« sowohl als für den »Patienten« und jeden anderen Menschen unter gewissen Umständen grundsätzliche Bedeutung für die Entwicklung der Persönlichkeit gewinnen.« (Praktische Musiktherapie, Salzburg 1979, S. 51)

Der Musikpädagoge Friedrich Klausmeier versucht in seinem Buch »Die Lust, sich musikalisch auszudrücken« 1978 der Freude am Singen auf den Grund zu kommen, wenn er die Wurzeln im »lustvollen Schreien und Lallen« des Säuglings zu erkennen glaubt. Ein Schrei ist immer ausdrucksvoll, und der Säugling erlebt sich in ihm in seiner Ganzheit. Singen beruht letztlich nur auf einer Differenzierung des primären Schreiens und Lallens und wiederholt als narzistischer Gefühlsausdruck positives Erleben aus frühester Kindheit. Erst im Bezug auf ein musikalisches Geschehen gewinnt es eine neue, geistgeprägte Dimension.

Diesen Ansatzpunkt vertrat früher bereits der Stimmforscher Paul J. Moses:

»Singen ist eigentlich ein Kompromiß, ein Zurückrufen eines Echos des reinen Glücksgefühls aus der Zeit der primitiven Vokalisierung. Es ist eine autoerotische Tätigkeit, ein Entrinnen von den Verdrängungen. Wir singen als Ausdruck von Freude und Leid, oder um gefällige Laute hervorzubringen, primär jedenfalls niemals, um Beifall zu erheischen.« (Die Stimme der Neurose, Stuttgart 1956, S. 46)

Entspringt Singen primär einem spontanen Ausdrucksbedürfnis, so liegt nach dem Bio-Energetiker Alexander Lowen darin für den Kunstgesang auch eine Gefahrenquelle begründet:

»Das Singen ist eine natürliche Art des Selbst-Ausdrucks. Es büßt jedoch viel von seiner Natürlichkeit ein, wenn es zur Schau wird — das heißt, wenn man nicht mehr ausschließlich aus einem spontanen Impuls heraus singt. Die Schau mag einem vielleicht eine gewisse Ich-Befriedigung verschaffen, doch wenn das spontane Element schwach ausgeprägt ist, nimmt die Lust entsprechend ab... Künstler stehen vor der schweren Aufgabe, sich einen hohen Grad an Spontaneität zu bewahren. Sonst wirken ihre Darbietungen seelenlos, routiniert, aufgesetz und können niemanden inspirieren.« (Bio-Energetik, Reinbek 1979, S. 230/231)

Der Opernregisseur Walter Felsenstein verlangte in seinem Aufsatz »Methode und Gesinnung« 1963 grundsätzlich eine Gestaltung aus spontaner Emotionalität heraus, was in der Gesangsausbildung schon vorbereitet werden müsse:

»Alle mit der Gesangsdarstellung verbundenen technischen Funktionen, also Atmung, Intonation, rhythmisches Verhalten, stehen nicht neben der Rollengestaltung (und dadurch der Unmittelbarkeit des Ausdruckes entgegen), sondern sind Bestandteil der emotionell bedingten physischen Handlung...
Freilich ist die Behinderung des darstellerischen Ausdrucks durch gesangstechnische Bewußtseinsfaktoren nur dann verläßlich auszuschalten, wenn der Sänger bereits in seiner frühesten Ausbildung lernt, alle technischen Vorgänge in der jeweiligen — von der Rolle geforderten — Emotion auszuführen. Das kann er meines Erachtens nicht, wenn er nicht — schon während der Stimmbildung — einen ganz persönlichen, für ihn gültigen Begriff vom »menschlichen Einsatz der Stimme« erhält, der ihm stets die

Außergewöhnlichkeit des Singens bewußt macht und ihn für seine ganze Berufslaufbahn vor der Gewohnheit des Singens bewahrt.« (Schriften zum Musiktheater, Berlin 1976, S. 121 - 123)

Felsenstein fordert nicht weniger als die Einheit von Ausdruck und Technik, die auch eine von Psyche und Physis ist.

In dem Aufsatz »Methodische Grundfragen des Musiktheaters« 1965 erläuterte er weiter:

»Im Gegensatz zu seiner rein technischen Stimmübung soll der Sänger sich eine Scheu vor jeder Tonbildung anerziehen, die nicht etwas Bestimmtes meint oder sagt. Diese Übungen — sobald sie gelingen — verschaffen ihm zweierlei Erfahrungen: Sein Stimmklang wird schöner und in seiner Substanz wesentlich variabler, und er erzielt hinsichtlich der Stimmlage und Stimmdynamik Leistungen, die ihm durch physische Technik allein nicht erreichbar waren.« (Schriften zum Musikthater, S. 140)

Für diesen Ansatz der Kultivierung einer Stimme von innen heraus ist natürlich die Literatur entscheidend, mit der sich der Singende ja spontan identifizieren soll. Das Singen muß jedesmal neu aus einem psychischen Erregungszustand entspringen, der die Scheu vor der stimmlichen Offenbarung des eigenen Zustandes überwindet. Die »Scham« zu verlieren vor dem Loslassen des aus dem Innen hervorquellenden Tones ist ein Hauptproblem des Singens. Nach Klausmeier hilft es schon, wenn man allein und schamlos ist — etwa im Bad, im Auto, im Wald oder unter Alkoholeinfluß — sowie durch Identifikation mit dem Kollektiv Ich einer Gruppe — im Chor etwa oder beim Marschieren. Der Solosänger, der seine erworbene Kunst vor einem Publikum demonstrieren will, darf keine krampferzeugenden Hemmungen mehr während des Singens aufkommen lassen, soll sein Vortrag nicht bestenfalls mühsam anerzogen wirken, wobei ihm das Eintauchen ins nachempfundene Kunstwerk behilflich ist.

Ein Singen aus dem Ausdruck des Kunstwerkes heraus, wie

es Felsenstein forderte, setzt allerdings ein Mindestmaß an Koordination des äußeren muskulären Ablaufs voraus. Wesentlich für den Ton ist die einwandfreie Funktion der in den Kehlkopf eingespannten beiden Stimmlippen, die bei ihrem Schluß, durch die Ausatmung angeregt, in periodische Schwingungen geraten. Diese Schwingungen werden wiederum in Resonanzräumen verstärkt und an die Luft weitergegeben.

Atmung, Stimmlippenschwingung als Tongenerator und Resonanz bilden ein in sich ausbalanciertes System gegenseitiger Abhängigkeiten, das zusammenbricht, wenn eine der Größen ihre Aufgabe nicht erfüllt. Eine Störung kann — wie erwähnt — aus einer psychovegetativen Labilität heraus erfolgen oder auch nur durch falsche Angewohnheiten. Schlechte Angewohnheiten lassen sich weitgehend mit einem Training der gewünschten Funktionen beheben — was als Erfolgserlebnis auch wiederum positiv auf das psychische Allgemeinbefinden rückwirkt.

Mit der Befreiung von Fehlfunktionen, die den vollen, tragfähigen Stimmklang bislang verhinderten, setzt sich im Sänger auch eine innere Weite durch, das Gefühl einer gesteigerten Vitalität, die sich im produzierten Ton konzentriert. Die innere Freiheit des ausbalanciert Singenden kann sich nun mit dem im Kern des Ausdrucks empfundenen Kunstwerk vereinen, so daß im Idealfall die äußeren muskulären Abläufe sich nur noch fein dem gleichzeitigen emotionalen Erlebnis anpassen müssen, ohne daß physische Schwerfälligkeit die Verbindung behindert.

Atmung, Artikulation und Resonanz

Atmung, Artikulation und Resonanz sind miteinander gekoppelte äußere Bereiche der Stimmproduktion, von denen aus die für die Tonbildung zentrale Stimmlippenschwingung am besten beeinflußt werden kann. Von der Atmung und besonders der Funktion des für sie wesentlichen Muskels, dem Zwerchfell, hängt der Stimmklang direkt ab. Der durch den Kehlkopf herausstrebende Ausatmungsstrom, dem sich während der Tonerzeugung die Stimmlippen als Bremse entgegenstellen, bewirkt die Schwingung. Beim periodischen Öffnen und Schließen der Stimmlippen kommt es in der Luftsäule zu Druckschwankungen, so daß sich die Basis des anblasenden Luftstroms, das Zwerchfell, mit den schwingenden Stimmlippen in einem feinen Balancezustand befindet. Die Luftsäule selbst, die bis zum Kehlkopf hochreicht, gerät dadurch in eine Schwingung, die der entsprechenden Grundfrequenz der Stimmlippen entspricht. Der Stimmforscher Richard Luchsinger zog daraus Schlüsse für eine günstige Singeinstellung:

»Um das »Aufschaukeln« der Luft im Windkessel zu erleichtern, muß der Widerstreit zwischen Ein- und Ausatmung den Thorax unter gleichzeitiger Tiefstellung des Kehlkopfes und Erweiterung des Kehlschallraumes in einen erhöhten Spannungszustand bringen, der ihn schwingungsfähiger macht.« (Stimmphysiologie und Stimmbildung, Wien 1951, S. 12)

Dieses körperliche Spannungsgefühl, das die Ausatmung reguliert und allgemein als Verharren in der Einatmungsspannung noch während der Ausatmung beschrieben wird, entspricht dem gesangspädagogischen Begriff »Stütze« weitgehend.

Beim Singen kommt es darauf an, die Balance zwischen Zwerchfell und Stimmlippen herzustellen und dann nicht mehr zu stören. Das gelingt nur, wenn man es lernt, mit einem minimalen Luftdruck die feinen Stimmlippenbewegungen in Gang zu setzen. Drängt zuviel »wilde« Luft auf die Stimmlippen, können diese ihren elastischen Schwingvorgang nicht mehr differenziert ausführen, die Balance ist gestört. Entweder geben die Stimmlippen dem Luftdruck nach und die Luft entweicht als hauchiges Nebengeräusch bei der Tonproduktion, oder äußere Muskeln kommen den Stimmlippen zu Hilfe, um den Verschluß aufrecht zu erhalten, wobei die Resonanzräume sich krampfartig verengen, was zu einem geknödelten oder gepreßten Ton führt. Letztlich resultiert eine Stimmstörung, die sich zu Stimmlippenknötchen ausweiten kann.

Die periodischen Bewegungen der Stimmlippen werden von den Stimmforschern als »selbsterregte Schwingungen« bezeichnet. Günther Habermann schreibt dazu:

»Ein schwingendes System regelt die von einer Energiequelle nachströmende Energie und wird durch diese wiederum in Schwingungen gehalten. Der durch die angespannte Ausatmung bei der Phonation erhöhte subglottische Druck treibt die Stimmlippen auseinander; nun strömt durch die Öffnung Luft aus; der Druck sinkt, und die Elastizität der Stimmlippen führt diese wieder zusammen oder näher aneinander. Dadurch vermindert sich die Menge des hindurchtretenden Luftstroms. Der Druck steigt an, und der Vorgang wiederholt sich von neuem.« (Stimme und Sprache, Stuttgart 1978, S. 75)

Die Wechselbeziehungen von der Energiequelle Atem und den schwingenden, tonproduzierenden Stimmlippen betonen auch Horst Coblenzer und Franz Muhar:

»Wenn die Schwingungen einmal in Gang gekommen sind, dann regulieren sie ihre Energiequellen selbst, und die fortwährende Unterbrechung des Atemstromes durch Schließen und Öffnen der Stimmritze hält die Stimmbandschwingungen in Gang.« (Atem und Stimme, Wien 1976, S. 106)

Für die Kultivierung der Singstimme ist es daher wesentlich, die über die schwingende Luftsäule ausbalancierten Korrespondenzen von Zwerchfell und Stimmlippen empfinden zu lassen. Gelingt diese Balance, hat der Sänger das Gefühl, mit im Körper stehender Luft seinen Ton zu produzieren, wobei die ungestört schwingenden Stimmlippen wiederum Resonazbezirke zum Mitschwingen anregen. Der empfundene Klang mit seinen Beziehungen zu den Stimmlippenschwingungen hat als »Klangstütze« ebensolche die Balance regulierende Wirkung wie die »Atemstütze« mit ihrer gängigen Definition: »*Stütze ist der Halt, den die Einatmungsmuskulatur dem Zusammensinken des Atembehälters entgegensetzt.*« (Fritz Winckel in: Richard Luchsinger »Die Stimme und ihre Störungen«, Wien 1970).

Bei der Klangstütze ist allerdings darauf zu achten, daß man den Klang — wechselnde Tonhöhen vorausgesetzt — nicht festhalten und weiterschieben will, sondern aus einem Klangkern heraus dem Ton die Freiheit läßt, seine günstigste Resonanz selbst zu finden. Jede Starrheit, etwa hervorgerufen durch übermäßiges Weiten-Wollen des Kehl-Rachenraumes — als falsch verstandenes »Öffnen der Resonanzräume« —, behindert das freie Mitschwingen. Die Resonanz paßt sich den verschiedenen Tonhöhen und wechselnden Schwingungsformen der Stimmlippen jeweils neu an und wirkt auf sie zurück.

Mit den Begriffen Atemstütze und Klangstütze sind zwei Bereiche bezeichnet, von denen aus ein Einwirken auf die Funktion der Stimmlippenschwingung als Medium der Tonerzeugung möglich ist. Zentraler Ansatzpunkt ist das Zwerchfell, als wichtigster der Einatmung dienender Muskel. Auf ihm ruht die Lungenbasis. Es liegt im Körper quer und trennt kuppelförmig den Brustraum vom Bauchraum.

»Bei der Einatmung tritt das Zwerchfell tiefer, und die die Rippen bedeckenden Brust- und Zwischenrippenmuskeln heben gleichzeitig die Rippen und das Brustbein.« (Habermann: Stimme und Sprache, S. 9/10)

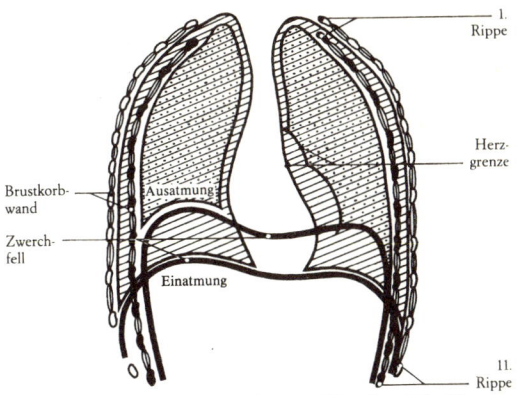

Beim Einatmen zum Singen ist darauf zu achten, daß sich der Brustkorb nicht primär hebt, sondern seitlich weitet. Muß man aus Zeitgründen schnell durch den Mund einatmen, soll die Bewegungsrichtung als Atemsteuerung in den oberen Rachen zielen, nicht nach unten in den Hals mit eventuellem Druck auf den Kehlkopf. Das Atmen in den sich öffnenden Hinterkopf durch Mund und Nase gleichzeitig hat spannungslösende Wirkung.

Eine ausführliche Beschreibung der äußeren Vorgänge beim Atmen gibt der Arzt Julius Parow:

»Beim Einatmen spannt sich die Muskulatur der Brustkorbwand und des Zwerchfells gleichzeitig an. Das Zwerchfell zieht sich dabei in sich zusammen und damit seine Kuppeln nach unten; es bewegt sich also ausgiebig. Der Brustkorb gibt zugleich durch seine erhöhte Muskelspannung dem Zwerchfell an seinem unteren Rand den sicheren, verstärkten Halt, den dessen Anspannung verlangt. Nur so kann die Zwerchfellbewegung voll zur Wirkung kommen. Dabei weitet sich der Brustkorb geringfügig in horizontaler Richtung, hauptsächlich in seinem unteren Teil... Die Tätigkeit der Atemmuskeln besteht also beim Brustkorb vornehmlich in einem verstärkten Halten bei nur geringem Bewegen, beim Zwerchfell dagegen, dem die Volumenveränderungen des Brustraumes im wesentlichen zu verdanken sind, im ausgiebigen Bewegen.

Der Bauchmuskelschlauch gibt der Bewegung des unteren Brustkorbes und des Zwerchfells elastisch nach. Er wird beim Einatmen passiv gedehnt: oben — vom Brustkorb — wenig, unten — von den dem Zwerchfell ausweichenden Baucheingeweiden — erheblich mehr, am meisten in der Taille.

Das Ausatmen geschieht durch Nachgeben der bei der Einatmung sich anspannenden Atemmuskeln in Brustkorb und Zwerchfell, wobei die vorher passiv gedehnte Bauchmuskulatur sich elastisch zusammenzieht und das Zwerchfell in seine Ausgangslage zurückschiebt.« (Funktionelle Atmungstherapie, Stuttgart 1972, S. 5/6)

Atemstütze beim Singen bedeutet demnach — im Gegensatz zum bloßen Ausatmen —, das Gefühl des spannungsvollen Weithaltens in Brustkorb und Taille nach der Einatmung mit in die Tonproduktion hinüberzunehmen. Keinesfalls dürfen die Bauchmuskeln aktiv angespannt werden — sie spannen sich bei der Tonproduktion unwillkürlich —, weil sonst die elastische Balance der einzelnen Muskelpartien gestört wird und die Gefahr der Verkrampfung steigt. Die Lunge hat während der Ausatmung eine wesentliche selbsttätige Funktion. Beim Einatmen wurde sie durch die nach unten gerichtete Erweiterung des Brustraumes gedehnt und damit ebenfalls gespannt, wobei Luft in sie einströmen konnte.

»Mit dem Aufhören des Einatmungszuges und dem Beginn der rückläufigen Zwerchfellbewegung kommt der Lungenzug zur Wirkung; er zieht die Lunge zusammen und schiebt die Luft aus der Lunge heraus. Die beim Einatmen passiv gespannte Lunge entspannt sich also beim Ausatmen, sie »federt« zurück. Die in ihrer Elastizität gespeicherte Kraft setzt sich dabei in Bewegung um. Es ist also nicht die Rumpfmuskulatur, sondern allein die Lunge, welche die Luft »aktiv« hinausbefördert.« (Parow, S. 7)

Beim Singen federt die Lunge nicht gleich zurück, sondern spannt sich an und hält diese Spannung, wobei die Stimmlippen gleichmäßig und ihren jeweiligen Schwingungen angepaßt mit dem nötigen Luftstrom versorgt werden können.

»Dieses sich automatisch äußerst fein regulierende und empfindliche Zusammenspiel zwischen Lungen und Stimmritze ist nun dadurch ermöglicht und gesichert, daß sich die Atemmuskulatur mit dem Tonansatz kräftig anspannt und die gleiche Spannung, die weit größer ist als die Anspannung beim Einatmen, während des ganzen Tones unvermindert beibehält...

Die minimale »Luftabgabe« beim Klang geschieht also im Gegensatz zum gewöhnlichen Ausatmen nicht unter Nachlassen der Spannung, sondern, im Gegenteil, unter Halten einer verstärkten Querspannung.« (Parow, S. 29)

Beim verstärkten Halten der Einatmungstendenz während des Singens spannt sich das Zwerchfell kräftig an und drückt dabei gegen die automatisch Widerstand leistenden Bauchmuskeln. Zwerchfell, Brustkorb und Bauchmuskeln pendeln sich in eine Balance ein, die als energisches Kraftgefühl aus der Körpermitte heraus erlebt wird.

Ein kraftvoll gespanntes Zwerchfell, das wiederum der Lunge ein Halten ihrer Spannung ermöglicht, ist die Basis jeder gelungenen Tonproduktion. Die gewöhnliche Fehleinatmung: übermäßiges Anheben des Brustkorbes, oft verbunden mit einem Einziehen des Bauches, verhindert die freie Tonentfaltung. Aus der allgemein verkrampften Haltung resultieren Verspannungen im Kehlbereich, die den Klang der Stimme beeinträchtigen.

Gezielten Übungen für das Zwerchfell steht allerdings entgegen, daß es keine empfindenden Nerven besitzt, die den Sänger mit einem direkten Muskelgefühl arbeiten lassen. Der Übende muß versuchen, indirekten Einfluß auf den Spannungszustand des Zwerchfells zu nehmen. Positiv erlebte Emotionen — wie etwa »Singen« selbst — beeinflussen die Tiefe der Atmung und damit auch die Zwerchfellaktivität. Beim Textsingen paßt sich die Atmung automatisch dem emotionalen Gehalt der Vorlage an.

»Während sich die stumme Ausatmung im allgemeinen unbewußt vollzieht und gewissermaßen eine Entspannungsphase nach der muskulären Anspannung der vorausgegangenen Einatmung darstellt, wird die Ausatmung dem Sinngehalt der gesprochenen oder gesungenen Phrase untergeordnet und damit in gewissem Grade vom Hirn kontrolliert und gesteuert. Psychische Einflüsse wirken auf das Atemzentrum ein; deshalb verraten sich Gedanken, Gefühle, Stimmungen in einer Veränderung der Atmung. Die Tiefe und die Häufigkeit der Atmung werden ständig durch den Wechsel in der Stimmung und in der Intensität der Emotion abgewandelt.« (Habermann: Stimme und Sprache, S. 16)

Diese enge Verquickung von Atmung und Empfindung kann schließlich auch in die musikalische Gestaltung mit einbezogen werden. Der Sänger muß sich derart in die Musik einfühlen, »*daß er nicht nur gedanklich, sondern unmittelbar körperlich den Atemrhythmus einer musikalischen Linie*«[1] nachempfindet und damit wiedererlebbar macht. Das Vorausdenken und -empfinden eines Tones oder einer Phrase setzt bereits eine für die Phonation nötige Spannkraft in Gang. Spätestens während der Einatmung muß der Sänger sich auf die folgenden Aktionen vorbereiten.

»Schon während der Einatmung erfolgt eine Voreinstellung auf die Singleistung, und Faktoren wie Kehlkopfspannung, Kehlkopfstellung, Formung des Ansatzrohres durch Gaumensegel, Zungenlage, Mundöffnung, Lippenstellung, Vorstellung von Tonhöhe, Melodieverlauf und Stimmausdruck werden berücksichtigt.« (Wolfram Seidner, Jürgen Wendler: Die Sängerstimme, Wilhelmshaven 1982, S. 56)

Gelingt die Voreinstellung, kann mancher Mangel der stimmlichen Ökonomie von vornherein beseitigt werden. Übermäßige, die Ökonomie störende Spannungen in der Bauchmuskulatur — häufig Resultat einer inneren Abwehrhaltung — können als »Bauchpresse« auch antrainiert sein. Dabei steht die Überlegung im Vordergrund, daß gleichzeitig mit dem Anspannen der Bauchmuskeln auch eine gewünschte Zwerchfellspannung erzielt wird.

»Darum lassen viele Gesanglehrer die willkürliche Anspannung der Bauchpresse zu Hilfe nehmen, um damit die notwendige Zwerchfellspan-

---

[1] G. A. Roemer: Atmung und musikalisches Erleben, in: Lucy Heyer-Grote (Hrsg.), Atemschulung als Element der Psychotherapie, Darmstadt 1970, S. 48 / 49

nung zu erreichen. Sie nehmen eine verkrampfte Bauchmuskulatur in Kauf, ohne zu wissen, daß dadurch der Schüler auf eine grundsätzliche Krampfhaltung festgelegt wird, die aller Leistung hinderlich bleibt. Durch diesen Notbehelf hat sich offenbar die Ansicht entwickelt, daß die Stimme von den Bauchmuskeln her gestützt werden könne.« (Aribert Stampa: Atem, Sprache und Gesang, Kassel 1973, S. 36)

Bei der Bauchpresse kommt es allerdings automatisch zu nachteiligen Krampferscheinungen im Kehl- und Artikulationsbereich, was unbedingt vermieden werden muß. Während der Einatmung ist im Gegenteil darauf zu achten, daß sich Kehl- und Rachenräume entspannen.

Spannt sich das Zwerchfell, weitet sich auch gleichzeitig der Kehlraum durch Senken des Kehlkopfes, was in der Gesangspädagogik als »Tiefgriff« bekannt ist. Das Zwerchfell zieht bei seiner Abwärtsbewegung die zum Magen laufende Speiseröhre mit nach unten. Sie ist einerseits an der Durchtrittstelle mit dem Zwerchfell verbunden, andererseits oben fest mit Luftröhre und Kehlkopf verknüpft, so daß sich bei jeder tiefen Einatmung der Kehlkopf automatisch senkt, was zu einer günstigen Singeinstellung führt. Dieser Bewegungsablauf ist durch das Gähnen vertraut. Auch die Vorstellung des Riechens bei der Einatmung bewirkt sowohl ein Senken des Zwerchfells als auch ein Entspannen der Rachenmuskulatur.

Vor dem Singen sollte man sich in seinen Schwerpunkt einpendeln. Aus dieser Mitte heraus erfolgt dann der Ton, den der Sänger im federnd gespannten Körper vorausempfinden muß. Durch den ausbalancierten Körper ist die Grundlage für ein Zusammenspiel der Muskeln von Atmung, Kehlkopf, der Resonanzräume und der Artikualtion gegeben.

»Das Ziel ist der Eutonus, also das Auffinden und Wiedereinstellen eines Zustandes, der weder Schlaffheit noch Verkrampfung zeigt, sondern bei dem sich die gesamte Muskulatur in einer mittleren elastischen Spannung befindet. In diesem Eutonus ist die Spannung auf alle Muskelpartien gleichmäßig verteilt, Aufmerksamkeit und Reflexerregbarkeit sind gesteigert, und die Empfindung für Sinneseindrücke ist erhöht.« (Coblenzer/ Muhar: Atem und Stimme, S. 105)

Das beste Training für die Spannkraft von Zwerchfell und Lunge ist Singen selbst. »*Nur beim Ton spannen sich die Atemmuskeln — und ebenso der Lungenzug — maximal an und halten diese Spannung, solange der Ton klingt.*« (Parow: Funktionelle Atmungstherapie, S. 88).

Der Spannungsantrieb, den das Zwerchfell beim Stimmeinsatz erhält, verhindert, daß zuviel Luft auf die Stimmlippen drückt. Pendelt sich ein Balancezustand dennoch nicht ein, können artikulierende Zunge und Lippen als Atembremse dazwischengeschaltet werden. Die Konsonanten der Sprache haben dabei die wichtige Funktion, dem Atemfluß einerseits Widerstand entgegenzusetzen, andererseits das Zwerchfell anzuregen.

»Es ist daher ein ganz vergebliches Bemühen, von reinen Vokalen ohne Konsonanten und von einem anfangs leisen, schonenden Stimmgebrauch zu einem nur allmählich kraftvoller beherrschten gelangen zu wollen, weil man gerade damit den Kehlkopf ständig einem Überdruck aussetzt, wenn man ihn nicht mit den Konsonanten, also mit dem Mund von vornherein abfängt und ein Gleichgewicht zwischen vollem Atemdruck und Atemabschluß herstellt.« (Eduard Rossi: Neue Grundlagen für den Sprech- und Gesangsunterricht, München / Basel 1965, S. 99)

Trotz der Stütze als Atemverhalt muß die von der Lunge dosierte Luft weiterfließen, es darf nie zu einem krampfhaften Zurückhalten kommen. Die vom Konsonanten erzeugte Körperspannung ist in den folgenden Vokal hinüberzuführen, wobei — wenn es glückt — die Stimmlippen die Funktion der Atembremse übernehmen. Textsingen wird so auch zu einem die Balance regulierenden Spiel mit deutlicher Artikulation.

Zwerchfell und artikulierender Mund bilden die beiden Grenzpunkte der Atembalance. Dazwischen liegt der Kehlkopf mit den bei der Tongebung schwingenden Stimmlippen, die wiederum Resonanzbezirke zum Mitschwingen anregen. Der Wechsel bei der Sprache vom Konsonanten zum Vokal ist gleichzeitig eine Verlagerung des Widerstandes gegen den Luftdruck von der Artikulationsstelle des Mundes zu den Stimmlippen. Gelingt es, die Spannung des Konsonanten mit in den Vokal hinüberzunehmen, kann die schwingende Luftsäule sich zum freien Klang entfalten. Sprache kann aber auch störend in das schwingende Zusammenspiel eingreifen. Der Mundraum mit den Lippen als Abschluß ist eingebettet in ein System verschiedener weiterer Höhlen des sogenannten »Ansatzrohres« oberhalb der Stimmlippenebene, das die Doppelaufgabe erfüllt, einerseits der Bildung von Sprachlauten zu dienen und andererseits als Resonator zu wirken.

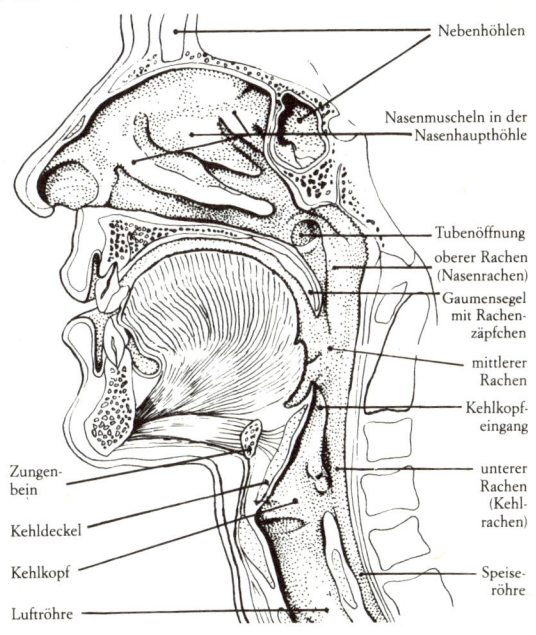

Nebenhöhlen

Nasenmuscheln in der Nasenhaupthöhle

Tubenöffnung

oberer Rachen (Nasenrachen)

Gaumensegel mit Rachenzäpfchen

mittlerer Rachen

Kehlkopfeingang

unterer Rachen (Kehlrachen)

Speiseröhre

Zungenbein

Kehldeckel

Kehlkopf

Luftröhre

(Modifizierte Abbildung nach Seidner/Wendler: Die Sängerstimme, S. 39)

Für den gewünschten volltönenden Klang ist es wichtig, Schlund und Rachen elastisch zu dehnen, wie es durch das Gefühl des Gähnens begünstigt wird. Dabei entfernen sich die hinteren Gaumenbögen voneinander, was mit dem Begriff »faukale Weite« bezeichnet wird, und der Kehldeckel, der beim Schlucken den Eingang zum Kehlkopf abschließt, richtet sich stark auf.

Im Kehlkopf oberhalb der Stimmlippen befinden sich kleine Ausbuchtungen (Taschen), die als Morgagnische Ventrikel oder Kehlkopfventrikel bezeichnet werden und deren Größe wahrscheinlich ebenfalls für den Stimmklang von entscheidender Bedeutung ist. Das »Öffnen« des Kehlkopfes kann man günstig durch erstauntes oder erschrockenes plötzliches Einatmen (Schnappatem) beeinflussen, wobei ein starker Ruck durch den ganzen Körper geht. Die offene Einstellung muß im folgenden Ton (Ausruf) erhalten bleiben.

Bei der »faukalen Enge« — und dem resultierenden gepreßten Stimmklang — ziehen sich die Gaumenbögen zusammen und die Zunge verlagert sich gleichzeitig nach hinten. Das für die Klangbildung negative Schlucken als höchster Grad der Verengung im Resonanzbereich wird eingeleitet.

»Ergibt sich während der Artikulation durch eine ungeschickte Zungen- oder Gaumenbewegung eine Teilbewegung des Schluckvorganges, so schalten sich reflektorisch alle übrigen hebenden und verengenden Muskelbewegungen des Schluckvorganges dazu. Alle Bewegungen hingegen, die sich während des Gähnens im Ansatzrohr vollziehen, begünstigen die sängerische Einstellung, und deshalb wird das Gähngefühl, aber auch das Gefühl vor dem Niesen, häufig in der Stimmbildung methodisch eingesetzt.« (Sigrid Prosser-Bitterlich: Gesangsschule, Wien 1979, S. 73)

Während der Artikulation darf die Weite des Kehl- und Rachenraumes, verbunden mit einer elastischen Tiefstellung des Kehlkopfes nicht gestört werden. Die bei der Sprachbildung mitwirkenden Teile Lippen, Zunge, Gaumensegel und

Unterkiefer müssen, geschmeidig aufeinander eingespielt, unabhängig von der unter ihnen liegenden tiefen Kehlruhe vorne artikulieren.

Zunge und Gaumensegel sind über die Zungenwurzel zu einer funktionellen Einheit verbunden. Ebenso bestehen Korrespondenzen zwischen Kehlkopf und Zunge. Günstig für die gewünschte Weite der Resonanzräume wirkt sich eine mit ihrer Masse nach vorn tendierende Zungenlage aus. Drückt sie nach hinten, wird ein freier Klang verhindert und der bekannte »Knödel« resultiert.

Mit dem weichen Vorfallen der Zunge ist auch ein Fallen des Unterkiefers verbunden. Federt der Unterkiefer zurück und wird diese Bewegung ständig wiederholt, kommt man in einen leichten Kauvorgang hinein. In diesen Bewegungsablauf hinein soll nun artikuliert werden, ohne — bei aller Deutlichkeit — die Weichheit und Lockerheit zu verlieren. Die Muskeln der Zunge und des Kiefers stehen mit denen im Rachen in naher Verbindung. Jede Verspannung im Artikulationsbereich überträgt sich sofort und wirkt krampfhaft verengend. Auf Verspannungen des Rachens reagieren wiederum die Stimmlippen mit Abwehrspannung.

Das Gaumensegel ist automatisch an diesen Bewegungsabläufen beteiligt. Entspannt es sich, wirkt es auch entspannend auf die Rachenmuskulatur zurück. Es senkt sich bei den Konsonanten m, n, ng und öffnet den Nasenrachenraum, bei p, t, k, b, d, g hebt es sich bis zur hinteren Rachenwand und schließt diesen Raum weitgehend ab. Bei allen anderen Lauten ist es mehr oder weniger angehoben. Ein gewisser nasaler Anteil, der die Tragfähigkeit der Stimme erhöht, ist beim Singen erwünscht — und kann etwa über ng, m und n geübt werden. (Der Übende muß aber darauf achten, daß es nicht während des fließenden Übergangs in einen Vokal zum offenen Näseln kommt, das den erforderlichen Abschluß von der Mundhöhle zum Nasenraum vermissen läßt). Allgemein entspannen Summübungen die Muskulatur des Ansatzrohres.

Begünstigt wird die gewünschte Gaumensegelstellung durch die Vorstellung des inneren breiten Lächelns, das über der Oberlippe mit der Nase als Mittelpunkt einen spannungsvollen Zug zu den Ohren hin ausführt. In der Gesangspädagogik ist dieses Gefühl der Öffnung des Nasenrachenraumes unter dem Namen »Breitspannung« geläufig. Eine ideale sängerische Einstellung des Ansatzrohres liegt in der Verbindung von freudiger Breitspannung und elastischem Tiefgriff als Öffnung der Kehle.

Geglückte Ausnutzung der Resonanz spürt ein Sänger an seinen Vibrationen im Brust- und Kopfbereich. Vibrationen sind ein wesentlicher Teil der Klangstütze und wirken somit auf die Funktion von Stimmlippen und Zwerchfell zurück. Ein durch Vibration empfundener Klangsitz der Stimme in der »Rachenkuppel« oberhalb des Gaumensegels auf der Höhe der Nasenwurzel ist eine für das Singen wesentliche vordere Ansatzstelle.

»Es genügt, den Ton unter guter Haltung des Rückens ohne jeden Druck oder absichtliches Anspannen, mit der Absicht, »gar keinen« Atem zu verbrauchen, an der Klangstelle »oben innen im Kopf« anzusetzen, und, während er sich von dort aus in den vorderen Kopf und den sich weitenden Rumpf hinein ausbreitet, ihn so voll und schön wie möglich erklingen zu lassen.« (Julius Parow: Stimmschulung, Stuttgart 1975, S. 55)

Diese empfundenen Schwingungen in Nase und Nebenhöhlen beruhen offensichtlich mehr auf subjektiven Vibrationsphänomenen als auf nachweisbarer Resonanz. Die Vibrationen werden über Knochen weitergeleitet und breiten sich über weite Teile des Skeletts im Kopf- und Brustbereich aus, wo sie der Sänger als Resonanz empfindet.

»Wahrscheinlich sind die nasalen Vibrationsempfindungen, insbesondere beim Singen, von vielen Gesangspädagogen und Sängern als »Resonanz« gedeutet worden. Vibrationen dürfen bekanntlich aber nicht mit Resonanz verwechselt werden. Vibrationen sind bedingt durch die mechanischen Eigenschaften fester Körper... Wo Vibrationen auftreten, z. B. an den Körperwänden, braucht noch kein Schall zu sein.« (Walter Trenschel: Das Phänomen der Nasalität, Berlin 1977, S. 106)

Andererseits werden — nach dem Stimmforscher Volker Barth — der Oberkiefer mit den Schneidezähnen und das Brustbein auch als echte Resonatoren, d. h. mit dem Klang schwingende Körperteile angesehen. Dem vibrierenden Oberkiefer fällt danach eine wesentliche klangintensivierende Rolle zu, weil er »*seine Resonatorfrequenz in dem Obertonanteil des Stimmklanges besitzt, der die Tragfähigkeit der Gesangstimme ausmacht. Diese Resonatorbezirke sind für die Ausbildung des Körperempfindens beim Singen von großer Bedeutung*«.[2]

Neben den Vibrationen des Oberkiefers konnten auch ausgeprägte Schwingungen am Schädeldach und an der Brustwand festgestellt werden, wobei tiefe Töne im Brustbereich, hohe Töne am Kopf lokalisiert wurden.

»Je höher der gesungene Ton, um so kleiner die Amplitude der Brustwandschwingung, während am Schädel die Amplituden zunächst sehr stark, dann nur noch wenig an Größe gewinnen.« (Rudolf Cobet usw.: Über die Fortleitung von Schallwellen gesungener Töne, 1951, S. 645)

Vor allem bei den tiefen Tönen der Männerstimme unterhalb von c sind die Brustwandschwingungen groß, lassen darüber nach und ab fis aufwärts überwiegen — beim Vokal a — die Schwingungen im Kopfbereich. Während des Singens der Vokale e, i, o und u überwiegen die Schädeldachschwingungen immer tendenziell, die Brustwandschwingungen nehmen aber auch hier im selben Verhältnis nach oben hin ab. Die größten Ausschläge der Schädeldachschwingungen wurden bei i und u festgestellt (bei Frauen

[2] V. Barth: Das Instrument Stimme, in: Ernst Haeflinger, Die Singstimme, Bern 1983, S. 58

und Kindern auch o). In den Schädelschwingungen sind reichlich Obertöne enthalten, im Gegensatz zu den grundtonverstärkenden Brustwandschwingungen.
Übertragungsmedium des Schalls ist die Luft.

»Wenn ein irgendwie gearteter materieller Körper in mechanische Schwingungen versetzt wird, dann wird die umgebende Luft zu Schwingungen von derselben Frequenz angestoßen, die sich rings im ganzen Raum ausbreiten, bis sie irgendwo die Membran eines menschlichen Ohrs — das Trommelfell — zu Schwingungen anstoßen, was dann als Schall empfunden wird.« (Fritz Winckel: Die akustischen Grundlagen der Stimmbildung, in: R. Luchsinger, Die Stimme und ihre Störungen, Wien 1970, S. 43)

Stößt man ein schwingungsfähiges System periodisch in seiner Eigenfrequenz an, so werden die Schwingungsausschläge zunehmend größer, es resoniert.

»Wenn auf ein solches System eine Schwingung in dieser Eigenfrequenz einwirkt, so wird es zum Mitschwingen, zur Resonanz, angeregt. Alle luftgefüllten Hohlräume können auf diese Weise als Resonatoren wirken. Die Eigenfrequenz der Resonatoren hängt von ihrem Volumen und von ihrer Öffnung ab. Auch das menschliche Ansatzrohr ist ein solcher Resonator.« (Seidner / Wendler: Die Sängerstimme, S. 31/32)

Infolge seiner Schleimhautauskleidung ist das Schwingungssystem Ansatzrohr stark gedämpft und hat damit den Vorteil, auf einen breiten Frequenzbereich schnell ansprechen zu können. Es wirkt als veränderbarer Filter und moduliert den obertonreichen »primären Stimmklang«, der von den schwingenden Stimmlippen abgestrahlt wird. Wegen der Flexibilität des Ansatzrohres kann der Stimmklang sich — je nach Einstellung — stark verändern.
Einzelne Obertöne des primären Stimmklanges werden durch Dämpfung herausgefiltert, andere durch Eigenschwingungen resonatorisch verstärkt. Diese herausgehobenen Obertonbereiche bezeichnet man als »Formanten«.

»Im Vorgang der Phonation wird im Kehlkopf ein Klang erzeugt, der reich an Obertönen ist. Dieser Primärklang muß, bevor er den Weg zum Kommunikationspartner antritt, die Hohlräume des Ansatzrohres passieren. Diese Hohlräume sind miteinander verbunden; sie bilden ein System gekoppelter Hohlräume. Man kann das Ansatzrohr auch als einen Hohlraum mit wechselndem Querschnitt auffassen. Das Ansatzrohr wird durch den phonatorisch erzeugten Primärklang zur Resonanz angeregt. Durch einen Resonator werden diejenigen Teiltöne hervorgehoben und in ihrer Intensität verstärkt, die seinem Eigenton entsprechen oder — bei stark gedämpften Resonatoren wie bei denen des Ansatzrohres — diesem nahekommen. Deshalb wird der im Kehlkopf erzeugte Primärklang beim Durchlaufen der Hohlräume des Ansatzrohres in seiner Klangfarbe verändert, geformt.

Durch die Resonanz des Ansatzrohres werden diejenigen Teiltöne des Primärklanges, die im Resonanzbereich liegen, verstärkt. Dadurch werden sie zu den Teiltönen, die das akustische Produkt bestimmen und für seine Klangfarbe wesentlich sind.« (G. Lindner: Phonetik, in: Klaus Becker / Miloš Sovák (Hrsg.), Lehrbuch der Logopädie, Königstein 1979, S. 63)

Durch Veränderungen in der Mundhöhle entstehen verschiedene »Vokalfarben«. Jeder Vokal hat für ihn typische Formantbereiche, die sich auch bei wechselnden Tonhöhen kaum verändern. Dadurch kann bei hohen und tiefen Tönen der Vokal gleichermaßen unverfälscht gesungen werden.

Im Ansatzrohr scheinen hauptsächlich zwei miteinander gekoppelte Räume, Mund- und Rachenhöhle, wirksam zu sein, die beide Formanten erzeugen können. (Unterhalb der Stimmlippenebene ist dabei eventuell auch noch die Luftröhre beteiligt). Einige Vokale sind deshalb durch mehrere Formanten gekennzeichnet, während andere sich eher in einem trichterförmigen Rohr ausbilden.

Die Hauptformanten der Vokale liegen in einem unteren Bereich etwa zwischen 200 und 600 Hz, und in einem oberen über 800 Hz.

u: um 200 - 400 Hz
o: um 400 - 600 Hz
a: um 800 - 1200 Hz
e: um 400 - 600 und 2200 - 2600 Hz
i: um 200 - 400 und 3000 - 3200 Hz

Tritt die Singstimme über den unteren Formantbereich, kann sich auf den Klang nur noch der obere auswirken, was eine Aufhellung bewirkt. So wird deutlich, daß bei den Frauenstimmen von g' an, vor allem aber ab c" die Vokale u und o nicht mehr so charakteristisch gesungen werden können, weil die Töne über dem Formantbereich liegen. Überhaupt verliert die hohe Sopranlage an Dunkelheit und Weichheit, den Qualitäten des unteren Formantbereichs, und nähert sich automatisch der helleren E- und I-Farbe. Auch die Männerstimmen (und hier vor allem der Tenor) können sich eine leichte Höhe nur erarbeiten, wenn nicht versucht wird, die Stimme in dieser Lage künstlich abzudunkeln.

Tritt in einer Stimme der Formantbereich zwischen 1500 und 2000 Hz deutlich hervor, wird der Eindruck des Näselns hervorgerufen. Bei Sängern mit tragfähigem Ton wurde eine Obertonanreicherung zwischen 2800 und 3200 Hz festgestellt — was etwa mit dem oberen Formanten von i übereinstimmt. Dieses Formantmaximum um 3000 Hz, bezeichnet als »Singformant« oder »Sängerformant«, ist wesentlich für die Brillanz und Tragfähigkeit der Stimme. Je höher die Intensität des Sängerformanten ist, desto größer ist auch das stimmliche Durchdringungsvermögen in größeren Räumen. Das Phänomen des Sängerformanten als einer Trägerfrequenz liegt darin begründet, daß im menschlichen Ohr zwischen 2000 und 4000 Hz eine besondere Empfindlichkeit besteht, Obertonballungen in diesem Bereich also deutlich wahrgenommen werden.

Ein besonderes Anliegen der Stimmbildung muß demnach darin liegen, diese Trägerfrequenz zu kultivieren, ohne dabei dunkle Wärme und Weichheit in der Stimme zu verlieren. Auch hier hat sich — vor allem bei höheren Tönen — der elastisch tiefgehaltene Kehlkopf verbunden mit Breitspannung als Grundeinstellung bewährt. Das Entstehen von Obertönen wird begünstigt und gleichzeitig ist der Grundton besonders herausgebildet, was dem Klang eine eventuelle Schärfe nimmt. Beim Senken des Kehlkopfes, dem sogenannten »Decken« muß man allerdings beachten, daß nicht künstlich abgedunkelt wird, woraus nur ein unfreier, hohler Klang resultiert. Die Breitspannung des Gaumensegels aktiviert den Nasenrachenraum und in der gewünschten Nasalität des Tones — die nicht mit Näseln zu verwechseln ist — tritt der Singformant hervor. Dabei wird allen Vokalen das I-Timbre übergelagert. Am vibrierenden Oberkiefer kann der Sänger die Tragfähigkeit seiner Stimme förmlich spüren.

So wichtig es ist, die Stimme mit der I-Qualität anzureichern — das freie Hervorbringen dieses Vokals sollte darum für jeden Sänger ein zentrales Anliegen sein —, so wenig dürfen doch die übrigen Vokale in ihrem Klangcharakter verfälscht werden. Sie müssen zwar mit dem Singformanten, der aus der Weite des Rachens, der offenen Kehle resultiert, zusammenklingen, doch sind sie unabhängig davon durch die Stellung von Zunge, Lippen und Unterkiefer im Mundraum zu bilden.

Der Versuch, zwischen den unterschiedlichen Qualitäten der Vokale zu vermitteln, ist in der Gesangspädagogik unter dem Begriff »Vokalausgleich« geläufig.

»Man versteht darunter das Bemühen, den Vokaldualismus zwischen hellen (e, i) und dunklen (o, u) Vokalen zu überwinden und eine Vokalform anzustreben, die klanglich eine Verbindung zwischen beiden Gruppen herstellt. Dabei muß aber jeder Vokal in seiner charakteristischen Struktur erkennbar bleiben, es darf nicht zu einer »Neutralisierung« der Vokale kommen.« (Seidner/Wendler: Die Sängerstimme, S. 102)

Neben dem hohen Formantbereich ist auch noch ein tiefer um 500 Hz wichtig, der die Stimme mit Wärme ausstattet. Im Vokal o ist diese Qualität enthalten. Vor allem bei den tieferen Tönen der Männerstimmen zeigen Vibrationen des

Brustbeines eine Dominanz des unteren Formanten an (»Körperklang«). I und e als Mischungen aus oberem und unterem Formantbereich können zwischen Glanz und Wärme vermitteln.

Der Vokal a spricht mit seinem Formanten um 1000 Hz das Ohr besonders an. Neuerdings wird dieser Frequenzbereich auch als mittlerer Sängerformant bezeichnet, der ebenfalls das Timbre einer Stimme mitbestimmt. Gelingt es, die Vorzüge der einzelnen Vokale im Sinne des Vokalausgleichs zu verbinden, ist ein wesentliches Ziel der Stimmbildung erreicht.

Ein ausgeprägtes Resonanzempfinden im Brustbereich ist vor allem für die tiefen Töne der Bässe zu entwickeln. Der Bronchialbaum hat seinen Eigenton in der Sprechstimmlage und verstärkt wahrscheinlich den Grundton und die tiefen Obertöne, was dem Klang Fülle gibt. Auch die Lunge ist eventuell beim Erzeugen des sonoren Körperklanges beteiligt.

Grundsätzlich muß der Sänger dafür sorgen, seine Resonanzräume in Brust und Ansatzrohr locker weit zu halten, was mit jeder Einatmung erneut erfolgen kann. Die weitgehaltenen Resonanzräume ermöglichen zusammen mit dem gespannten Zwerchfell während des Singens den Balanceakt der Stütze. Übermäßige Muskelspannungen im Bereich der Resonanzräume führen zu einer stärkeren Dämpfung, wodurch eine Anregung der für den Klang wichtigen Obertöne erschwert wird. Versteht es der Sänger, seine Resonanzräume locker bereitzustellen, ohne sie krampfhaft aufzureißen, sie stattdessen nur elastisch-wohlig zu dehnen, dann findet der Ton von selbst seine günstigsten resonatorischen Verhältnisse.

Wichtig für den Klang der Stimme ist aber auch das Verhältnis zur Akustik des Raumes. Der Sänger muß seine Stimme jeweils an den Raum, in dem er singt, anpassen, in ihm quasi einen erweiterten Resonanzraum sehen. Ein günstiges Verhältnis zum Nachhall steigert die Lautstärke, deshalb kann in Räumen, die weder zu hallig noch zu trocken sind, mit weniger Energie gesungen werden. Bei der Probe in einem unbekannten Raum muß man allerdings bedenken, daß später das Publikum mehr die höheren als die tiefen Frequenzen schluckt. Es setzt einige Erfahrung voraus, sich auf jeweils neue — und eventuell schwierige — akustische Bedingungen einstellen zu können.

Der muskulären Lockerheit im Kopf-Hals-Brustbereich stehen oft innere Widerstände entgegen, die zu überwinden sind.

»Wenn die Stimme eines Menschen frei ist, kommt sie vom Herzen. Das bedeutet, daß der Kommunikationsweg vom Herzen zur Welt offen und frei von Hindernissen ist. Wenn wir die Anatomie dieses Kommunikationsweges untersuchen, stellen wir fest, daß es drei Stellen gibt, an denen chronische Spannungen zu ringförmigen Einschnürungen führen können, die das Ausdrücken von Gefühlen behindern. Der äußerste Ring bildet sich um den Mund. Ein verkrampfter Mund kann jede Kommunikation von Gefühlen blockieren. Wenn man die Lippen zusammenpreßt und die Zähne zusammenbeißt, verhindert man, daß sich Töne einen Weg ins Freie bahnen...

Der zweite Spannungsring bildet sich an der Verbindung von Kopf und Hals. Diese Partie ist besonders kritisch, weil sie den Übergang von der willkürlichen (bewußten) zur unwillkürlichen (unbewußten) Steuerung darstellt. Der Rachen und der Mund liegen vor dieser Zone, die Luftröhre und die Speiseröhre befinden sich dahinter... Indem die Mund-Rachen-Partie ein unannehmbares oder schädliches Element zurückweist, also nicht schluckt, trägt sie dazu bei, die psychologische Integrität des Organismus zu erhalten...

Die Spannungen schnüren die Verbindung zwischen Mundhöhle und Hals zusammen und stellen einen unbewußten Abwehrmechanismus dar, mit dem man sich gegen den Zwang wehrt, unannehmbare »Dinge« zu schlucken. Der unbewußte Abwehrmechanismus hat aber noch eine andere Funktion: Er soll Gefühle zurückhalten, von denen man befürchtet, sie seien für andere Menschen nicht akzeptabel. Die Verengung wirkt sich auch auf den Kanal aus, der für die Luft bestimmt ist, und behindert damit die Atmung...

Beim Gähnen wird der Spannungsring, zu dem auch die Muskeln gehören, welche die Kieferknochen bewegen, vorübergehend gelockert, so daß Mund, Rachen und Kehle weit offen sind und die benötigte Luft einlassen. Wegen ihrer strategischen Lage als »Fallgitter der Persönlichkeit« ist die Verspannung in den Muskeln, die den Unterkiefer bewegen, der Schlüssel zu den übrigen Sperrmechanismen im Körper...

Der dritte [Spannungsring] entwickelt sich an der Verbindung von Hals und Brustkorb... Da... die natürlichen Atembewegungen behindert werden, kommt es zu einer Beeinträchtigung der Stimmproduktion, besonders was das Brustregister betrifft.« (Lowen: Bio-Energetik, S. 241 - 245)

Beim Kultivierungsversuch einer Singstimme nimmt es zumeist geraume Zeit in Anspruch, die vielfältigen Verspannungen der Muskeln von Atmung, Resonanz und Artikulation zu lösen. Muskuläres Funktionstraining und das Bemühen, sich mit stimmlichen Äußerungen über die inneren Hemmungen hinwegzusetzen, ergänzen sich dabei.

Der geglückte Balanceakt zwischen Atem, Stimmlippen und Resonazräumen ist nicht zuletzt in einem gleichmäßig schwebenden Vibrato der Singstimme hörbar, das sich automatisch einstellt. Es ist Ausdruck differenzierter Funktionsabläufe vor allem zwischen Zwerchfell und Kehlkopf. (Ein übermäßiges Vibrato, das Tremolo, ist dagegen Produkt von Spannungen und Erschlaffungen).

Es überlagern sich ein Tonhöhenvibrato, bei dem der Kehlkopf in Schwingung gerät und deshalb die Tonhöhe schwankt und ein Intensitätsvibrato, das, bei fluktuierender Lautstärke, auf dem ebenfalls schwingenden Zwerchfell basiert. Mit einbezogen in das schwingende System sind beim Vibrato auch pulsatorische Veränderungen der Resonanzräume, was eine hohe Elastizität der Wände voraussetzt. Richtig ist ein Vibrato gebildet, »*wenn es harmonisch im Gesangston verschmilzt und nicht als Teil der Tonqualität herausgehört wird. Es ist Ergebnis einer richtigen, ausgewogenen Muskelkoordination der stimmbildenden Organe, ohne daß dem Hörer seine Mechanik zum Bewußtsein kommt*«. (Wolfgang Goldhan: Untersuchungen zum Intensitätsvibrato der Sängerstimme, Berlin 1972, S. 113).

Stimmregister

Zentrum des Stimmklanges sind die beiden im Kehlkopf (Larynx) eingespannten Stimmlippen. Sie bestehen aus Muskeln mit der Funktion des Spannens (M. thyreoarytaenoideus). Den inneren Teil bildet der Stimmuskel (M. vocalis), die Ränder werden als Stimmbänder bezeichnet, weil sie überwiegend aus elastischen Fasern zusammengesetzt sind.

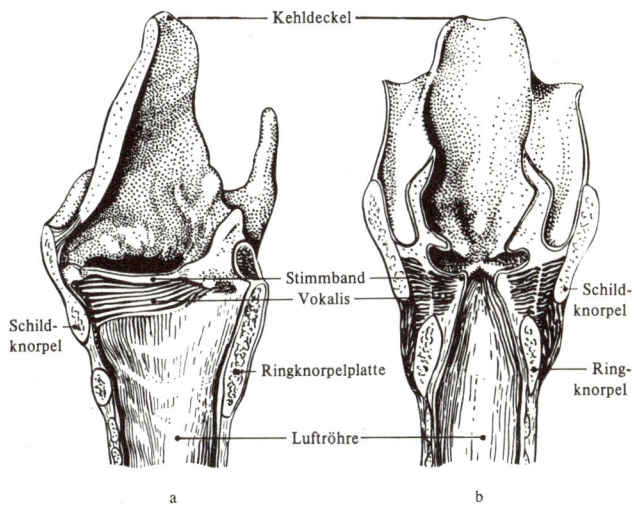

Kehlkopf: a) Seitlicher Schnitt   b) Frontaler Schnitt

(Modifizierte Abbildung nach Seidner/Wendler: Die Sängerstimme, S. 67)

Die muskulösen Stimmlippen mit ihren Rändern, den Stimmbändern, ziehen sich durch den Kehlkopf von der vorderen Spitze des Schildknorpels (Cartilago thyreoidea, dem sogenannten »Adamsapfel« beim Mann) bis zu den sie bewegenden beiden Stellknorpeln (Cartilagines arytaenoideae), auch Aryknorpel genannt. Schildknorpel und Stellknorpel ruhen auf ihrer Basis, dem Ringknorpel (Cartilago cricoidea), der gleichzeitig zur Luftröhre (Trachea) überleitet.

Bei der Einatmung müssen die Stimmlippen weit auseinandertreten, um Luft durch den Kehlkopf in die Lungen einströmen zu lassen, während der Tongebung müssen sie sich einander nähern, um die Schwingungen zu ermöglichen. Der jeweilige Raum zwischen den beiden Stimmlippen wird als Stimmritze (Glottis) bezeichnet. Das Öffnen und Schließen der Stimmritze resultiert aus Bewegungen der Stellknorpel, die wiederum von inneren Kehlkopfmuskeln gesteuert sind.

Das Öffnen der Stimmritze beim Einatmen erfolgt durch ein einziges Muskelpaar (Posticus).

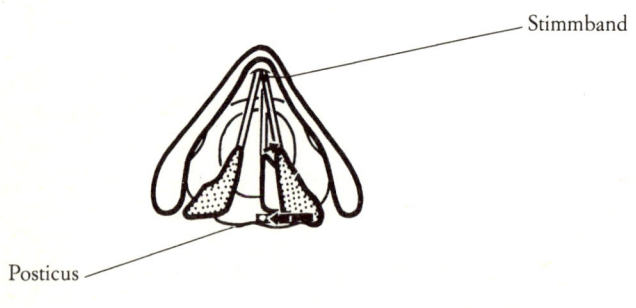

Stimmband

Posticus

Die Verengung bei der Stimmgebung mit Hilfe der Muskeln:
1) Lateralis (Schließer der Stimmritze)

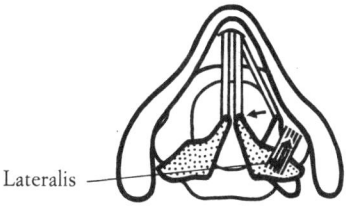

Lateralis

2) Transversus (Schließer der Stimmritze am hintersten knorpeligen Teil).

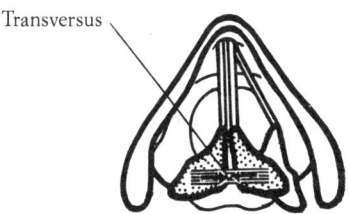

Transversus

(Abbildung nach Seidner/Wendler, S. 65/66)

Der M. vocalis trägt ebenfalls zum Stimmlippenschluß bei
und reguliert dessen innere Spannung. Mit seinen zopfartig
verflochtenen Muskelfasern kann er die schwingende
Stimmlippe fein verändern, wodurch ein differenzierter
stimmlicher Einsatz ermöglicht wird. Bei Störungen dieser
Muskeltätigkeiten tritt Heiserkeit auf, weil ein elastischer
Stimmritzenschluß nicht mehr gewährleistet ist.
Zum Sprechen und Singen muß der Verschluß mit dem
Luftstrom, der die Stimmlippen in Schwingung versetzt,
gleichzeitig geschehen. Ein Toneinsatz mit noch geöffneter
Stimmritze ist verhaucht, legen sich die Stimmlippen schon
vorher eng aneinander, werden sie durch die Luft gesprengt
und es resultiert der stimmschädigende Glottisschlag.
Stimmuskel (M. vocalis) und Stimmband (Ligamentum vo-
cale) sind miteinander verbunden, so daß zwischen diesen
beiden Teilen der Stimmlippe Beziehungen bestehen, die

sich klanglich auswirken. Die Stimmlippen können sowohl in ihrer vollen Breite schwingen, als auch nur an ihren feinen Innenrändern, den Stimmbändern, beim differenzierten Gesang aber mit jeweils wechselndem Anteil von Rand- und Vollschwingung, wobei die Randschwingung in die Vollschwingung integriert ist.

Aus den unterschiedlichen Schwingungsmöglichkeiten der Stimmlippen resultieren auch verschieden strukturierte Klänge. Während die Vollschwingung mit einem obertonreichen, also strahlkräftigen Klang verbunden ist, wird bei der Randschwingung vor allem der Grundton ausgeprägt, was der Stimme ein weiches Klanggepräge verleiht. (Im Piano dominieren weitgehend die Randschwingungen). Diese verschiedenen Schwingungsmöglichkeiten und daraus resultierende unterschiedliche Klangfarben werden von Gesangspädagogen und Stimmforschern als »Register« bezeichnet.

Die Vollschwingung, verbunden mit deutlichem Stimmlippenschluß und einem voluminösen, obertonreichen Klang sowie Vibrationsempfindungen im Bereich des Brustkorbs erhält allgemein den Namen »Brustregister«, die obertonarme Randschwingung, bei der sich die Stimmritze durch Inaktivität des M. vocalis nicht fest schließt, wird mit »Kopfregister« oder »Falsett« bezeichnet. Für die Randschwingungen sind Vibrationsempfindungen im Kopfbereich typisch. Die Mischungsmöglichkeiten beider Register sind zumeist mit den Fachausdrücken »voix mixte« oder »Mittelstimme« belegt. Weder in der Gesangspädagogik noch in der Stimmforschung hat sich bisher allerdings eine allgemeinverbindliche Terminologie im Falle der Stimmregister durchsetzen können, so daß eher Verwirrung als Klarheit herrscht.

Die »voix mixte« (auch »Vollton der Kopfstimme«) nähert sich zwar schwingungsmäßig dem Brustregister, doch

bleibt, wie beim Kopfregister, die Stimmritze etwas geöffnet.
Entsprechend verläuft ein Crescendo vom Piano zum Forte:

»Zu der anfänglichen Randschwingung der Stimmlippe treten immer mehr Teile der Mittelpartien, so daß schließlich beim Vollton (voix mixte) die Stimmlippen fast in ihrer ganzen Breite schwingen, wobei die größere Lautheit der Stimme durch die verstärkte Amplitude zum Vorschein kommt. Beim guten Sänger bleibt beim Kopfton (Vollton) die Stimmritze aber offen.« (Richard Luchsinger: Falsett und Vollton der Kopfstimme, 1949, S. 514)

Ein wesentliches Ziel der Gesangspädagogik besteht nun darin, die Stimmlippen so zu trainieren, daß sie bruchlos von der Randschwingung zur Vollschwingung gelangen und umgekehrt (Messa di voce). Die aus diesem Vermögen resultierenden Klangschattierungen ermöglichen erst eine differenzierte musikalische Interpretation. Auch hierzu ist der elastische Tiefgriff mit gleichzeitiger weicher Dehnung der Resonanzräume eine günstige Grundeinstellung. Grundton (Randschwingung) und Obertöne (Vollschwingung) stehen in einem ausgeglichenen Verhältnis zueinander.

Die Funktionen des Brust- und Kopfregisters sind aber auch in der menschlichen Psyche verankert. Während des Sprechens tritt normalerweise das gemischte Mittelregister klanglich hervor. Bei bestimmten affektiven Situationen können aber die Extreme dominieren.

»Die Bruststimme ist der Ausdruck der Selbstbehauptung, der Selbstentfaltung, des Imponiergehabens, der Aufsaugung des Partners. Die Kopfstimme dagegen der der Selbstverkleinerung, des Aufgehens im Partner, des Bestrebens, harmlos und ungefährlich erscheinen zu wollen, aber auch der Bereitschaft, sich zu unterwerfen. In der Mittelstimme verharrt der Sprechklang, wenn sich weder diese noch jene Tendenzen geltend machen. Daher erklingt die Bruststimme bei Zorn, Stolz, Verachtung, Ärger und Drohung, aber auch in feierlicher Stimmung, bei selbstbewußtem Zielstreben und prahlerischem Jubel; die Kopfstimme dagegen bei Angst, Ekel, körperlichem und seelischem Schmerz, in der Bitte und bei Höflichkeit, sowie Zärtlichkeit (besonders zu Kindern).« (Felix Trojan: Der Ausdruck der Sprechstimme, Wien 1952, S. 156)

Eine Schulung der Register und ihrer Durchmischungen ist auch mit Hilfe des Sprach-Musik-Werkes möglich. Versetzt sich der Sänger in dessen Ausdruck hinein, resultiert eine diesem Gehalt angepaßte Schwingungsart der Stimmlippen meist von selbst. Auch im einzelnen Sprachlaut sind schon Tendenzen zu einem bestimmten Register hin festzustellen. So aktivieren klingende Konsonanten (m, n, l, w) Randschwingungen, ebenso der Vokal u. Der Vokal a dagegen (besonders noch in Verbindung mit den explosiven Konsonanten p, t, k-a) spricht den M. vocalis an und führt damit zum Brustregister.

Während beim Singen eine bruchlose Registerdurchmischung wegen der extrem hohen Anforderung an die Stimme oft erst nach langer »Trainingsarbeit« erreicht wird, ist das Fehlen von Ausgeglichenheit in der Sprechstimme pathologisch und basiert zumeist auf einer gestörten inneren Persönlichkeitsentwicklung.

»Was die normale Persönlichkeit angeht, so kann man sagen, daß balancierter Gebrauch der Register eine balancierte Persönlichkeit mit einer erfolgreichen Identifizierung bedeutet...

Es läßt sich folgende Feststellung machen: Divergenz oder Trennung der Register oder das funktionelle Versagen, die Register zu vereinigen, scheint immer der Ausdruck für einen Konflikt in der Identifizierung zu sein.« (Moses: Die Stimme der Neurose, S. 52/53)

Während des Singens treten Schwierigkeiten der Registerverschmelzung vor allem in der höheren Lage auf. Reine Vollschwingungen sind hier nicht mehr möglich, weil der M. vocalis sich nur bis zu der Grenze hin anspannen kann, an der das Maximum seiner Kontraktionsfähigkeit erreicht ist. Bei tiefen Tönen wirkt der Stimmuskel entspannt. Die Stimmlippen können durchschwingen und die Glottis öffnet und schließt sich in der Frequenz des Tones. Dabei erfolgen die Schwingbewegungen nicht allein horizontal, sondern auch vertikal, die Randzonen rollen ab (Randkanten verschiebung), die Stimmritze öffnet sich von unten nach oben allmählich. Hohe Töne haben keine voll durchschlagenden Stimmlippenschwingungen, die Bewegungen sind feiner und beschränken sich weitgehend auf die Randzonen.

Stimmforscher haben beim Aufwärtssingen folgende Schwingungsabläufe festgestellt:

Die tiefen Töne werden mit entspannten Stimmlippen produziert. Sie schwingen ausholend und die Stimmritze bleibt etwas geöffnet. Steigt die Tonhöhe, strecken und spannen sich die Stimmlippen, wobei auch die Stimmritze allmählich — konstanter Luftdruck vorausgesetzt — verschlossen wird. An einem bestimmten Punkt muß sich zur Verlängerung und größeren Spannung der Stimmlippen ein äußerer Kehlkopfmuskel zuschalten, der sich vorne zwischen Ringknorpel und dem Unterrand des Schildknorpels ausspannt und bei Kontraktion einen Kippvorgang bewirkt, wodurch die Stimmlippen passiv gespannt werden: der Ring-Schildknorpelmuskel (M. cricothyreoideus).

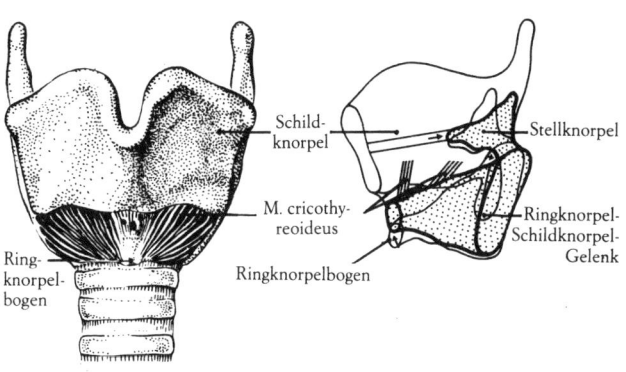

(Abbildung nach Seidner/Wendler, S. 67)

Auf seiner reibungslosen Funktion beruht das von der Gesangspädagogik für höhere Töne immer wieder geforderte »Decken«. Die Aktivität dieses so wesentlichen Muskels beginnt bei Männern um 150 Hz (etwa d), bei Frauen ca. eine Oktave höher. Mit dem Eintritt dieses Muskels in den Stimmablauf ist ein Registerwechsel verbunden. Die für tiefere Töne charakteristische Bruststimme wird von der Kopfstimme überlagert, denn durch die stärkere Gespanntheit der Stimmlippen schwingt vorzugsweise deren Rand. Das isolierte Höherziehen des Brustregisters stellt einen gewaltsamen, stimmschädigenden Akt dar (Forcieren), die Verbindung des M. vocalis zu den Randbezirken der Stimmlippe ist unterbrochen. Beim Nachlassen der Überspannung schlägt die Stimme dann abrupt in einen dünnen Klang um, sie kickst. Der nötige Übergang wurde zum Kontrast, weil der verkrampfte Stimmuskel sich nicht mehr abspannen konnte, um allmählich die neue Funktion zuzulassen. Können sich durch falschen Stimmgebrauch Brust- und Kopfregister nicht zum »Einregister« verbinden, liegt eine sogenannte »Registerdivergenz« vor, die den befriedigenden künstlerischen Einsatz der Singstimme unmöglich macht.

Auch das Crescendieren und Diminuieren auf einem Ton (Messa di voce) kann registermäßig erklärt werden und ist beim Gelingen ein Beleg für die künstlerische Funktionstüchtigkeit einer Stimme. Die anfängliche Randschwingung im Piano geht allmählich in eine Vollschwingung über, wobei die Bruststimme durch den größeren Atemdruck angeregt wird, dem sich die Stimmlippen mit stärkerer aktiver Spannung entgegenstellen. Um während der Tonverstärkung die Schwingungsdurchmischung nicht zu zerstören, muß sich der Kehlkopf senken, was die Stimmbänder spannt und damit weiterhin aktiv erhält, die voix mixte bleibt bestehen. (Beim Crescendieren steigt vor allem die Intensität des Singformanten an).

Das mit einem Senken des Kehlkopfes verbundene Dazu-schalten des M. cricothyreoideus um d, bzw. d' stellt aller-dings nur einen Annäherungswert dar und variiert je nach Mensch und Situation. Einige Töne können physiologisch »richtig« auf verschiedene Weise produziert werden (am-photere Töne). Deshalb erstreckt sich der Umschaltpunkt beim Mann etwa über den Bereich H - f, bei der Frau eine Oktave höher h - f'. Hier muß das Brustregister zugunsten des Mittelregisters und seiner engen Beziehung zu den Randschwingungen aus physikalischen Gründen nachlas-sen. Höhere Töne mit starker Stimmlippenspannung kön-nen nur mit einer Verringerung der schwingenden Masse produziert werden. Dazu verhilft der M. cricothyreoideus, der die Stimmlippen passiv streckt und verdünnt. Eine ge-wisse Aktivität des M. vocalis soll aber auch bei höheren Tö-nen erhalten bleiben, sonst klingt die Stimme dünn, kraftlos oder matt und hohl.

Für die hohen Töne müssen wieder neue Modifikationen der Stimmlippenschwingungen in Aktion treten, so daß ein weiterer Registerwechsel zu konstatieren ist. Die Über-gangsstelle liegt bei Männern etwa zwischen es' und f', bei Frauen eine Oktave höher. Schon ab a (bzw. a') macht sich der Wechsel durch Schwierigkeiten mit leichter Tongebung bemerkbar. Diese obere Mittellage bildet den Übergang zur Höhe. Wird ab hier nicht endgültig der M. vocalis abge-spannt, bzw. seine Tätigkeit auf ein Minimum reduziert, kommt es also nicht zu einem Überwiegen der Randschwin-gungen, dann ist der Weg zur Höhe verbaut. Bei diesen ho-hen Tönen sind die Stimmlippen so stark gespannt und ver-längert, daß die Stimmritze sich nicht mehr vollständig schließen kann, sondern einen sehr schmalen elliptischen Spalt zeigt. Die höchsten Töne reduzieren offensichtlich die schwingende Masse derart, daß nur noch Teilbezirke der Stimmlippenränder in Vibration geraten.

Die Begriffe »Kopfregister« und »Falsett« werden bislang sehr inkonsequent benutzt. Für einige Gesangspädagogen und Stimmforscher ist ihre Bedeutung deckungsgleich, andere hören aus dem Falsett, das sie nur dem Mann zusprechen, einen weiblichen Klangcharakter heraus und lassen es eventuell an das Kopfregister anschließen. Falsett wird aber auch eine Klangqualität genannt, die — wie das Kopfregister — Männern und Frauen eigen ist und ein wesentliches Gütemerkmal der Stimme darstellt. Physiologisch ist es offenbar schwer von der Kopfstimme zu unterscheiden, aber klanglich.

Der Gesanglehrer Frederick Husler definierte den »Kopfton« als dunkel, voluminös, weich, ohne Kern. Von schlanker Tonqualität, geringem Volumen aber dünnem Tonkern ist dagegen der Klang des Falsett. Es hat im Raum eine größere Tragfähigkeit als die Kopfstimme, beiden ist im Crescendo aber die Möglichkeit gegeben, in die volle Stimme bruchlos hineinzuwachsen.

»Falsett- und Kopfregister sind also Varianten ein und desselben stimmlichen Grundelementes. Sie sind es insofern, als beide Qualitäten erzeugt werden durch stimmfaltendehnende Funktionen, bei ganzem Ausfall oder doch bei nur geringster Beteiligung des in den Stimmfalten selbst liegenden Muskels.« (Frederick Husler/Yvonne Rodd-Marling: Singen, Mainz 1965, S. 90)

Die beiden Registern übergeordnete Randschwingung läßt sich klanglich also noch einmal differenzieren. Aus der Kopfstimme resultieren Vibrationsempfindungen im oberen und hinteren Kopfbereich, aus dem Falsett vor allem an der Stirn. Das Kopfregister gibt der Stimme auch im Forte Wärme und Rundung, das Falsett ihr auch im Piano tragfähigen Klangkern. Verliert das Falsett aber — wegen einer mangelhaften Atemstütze — den Zugang zur bruchlosen Verbindung mit der Vollschwingung, kippt es in eine dünne, substanzlose und klangarme »Fistelstimme« um. Während sich Brustregister und Falsett lagenmäßig ablösen in ihrer Bedeutung für die Zusammensetzung des Stimmklanges — der Umschlagpunkt liegt etwa bei a, bzw. a' —, umspannt das Kopfregister den gesamten Stimmumfang.

Die höchsten Töne der Frauen und Kinder ab etwa c''' werden wahrscheinlich nicht mehr durch periodische Schwingungen der Stimmlippen hervorgerufen, »*sondern (...) durch Verwirbelung der Atemluft in der engen, immer offenstehenden Stimmritze, wobei Pfeifgeräusche entstehen*«. (Volker Barth in: Haefliger, Die Singstimme, S. 64). Nach anderen Untersuchungen konnten mitten in diesem »Pfeifregister«, das bis etwa c'''' reicht aber doch noch Vibrationen der Stimmlippen erkannt werden.

Grundsätzlich muß sich bei allen höheren Tönen der M. cricothyreoideus kontrahieren, was durch leichtes Senken des Kehlkopfes (Angähnen) erreicht wird. Gleichzeitig richtet sich der Kehldeckel auf und die Zungenmasse verlagert sich nach vorne, wodurch der Stimmklang zur größtmöglichen Entfaltung gebracht werden kann. Dieser automatische Vorgang des »Deckens« bei gut produzierten höheren Tönen darf nicht mit einem künstlichen Abdunkeln der Stimme verwechselt werden, um den Bruch vom Brust- in den Falsettbereich zu kaschieren. Eine freie, strahlende Höhe, die sich klanglich vom Brustregister der Tiefe nicht absetzt, erreicht der Sänger nur durch wohlig gedehntes breites Offenhalten seiner oberen Resonanzräume. Die Konzentration auf ein gleichmäßig schwingendes Vibrato über den gesamten Stimmumfang erleichtert diesen Registerausgleich, da er sich bei einer ausbalancierten Stimme, für die das Vibrato ja ein Beleg ist, von selbst einstellt.

Auch Vokale können für das Ziel der Registerverschmelzung herangezogen werden. Eine Vollschwingung der Stimmlippen läßt sich leicht mit a hervorrufen, Randschwingungen dagegen mit u und o. Die Verbindung stellen i und e her. Mischfunktionen haben auch die Umlaute ae, oe und ui (ü), die aus einer Kombination der verschiedenen Mund- und Zungenstellungen resultieren. Stimmen, in denen bestimmte Qualitäten fehlen — etwa Glanz, Volumen oder weiche Rundung —, lassen sich günstig mit Hilfe der Vokale kultivieren.

Vibrationsempfindungen stellen einen weiteren Weg dar, Registermischungen willentlich beeinflussen zu können.

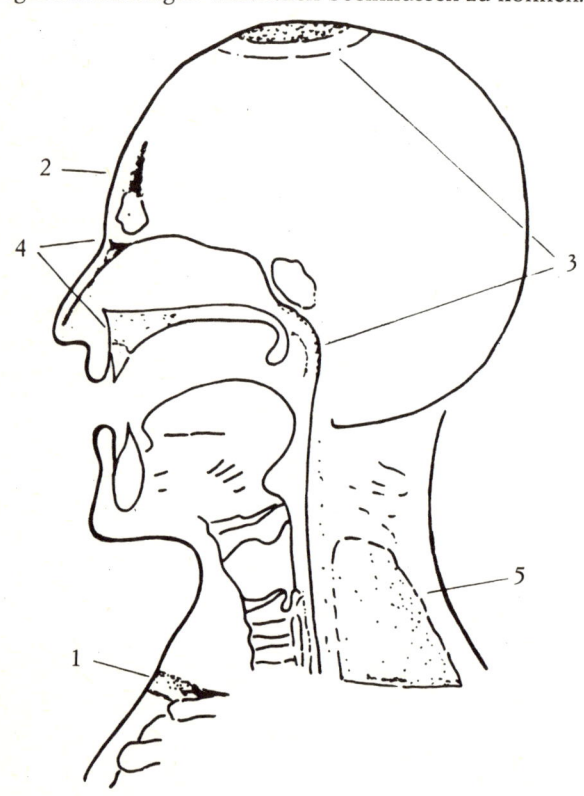

(Modifizierte Abbildung nach Husler/Rodd-Marling)

Zu 1) Vibrationsempfindungen im Brustbereich, vor allem am Brustbein. Aktivierung des M. vocalis und damit des Brustregisters. Voluminöser, obertonreicher Klang. Wesentliches Resonanzgefühl für die tiefen Töne von Alt und Baß unterhalb c' bzw. c.

Zu 2) Vibrationsempfindungen im Stirnbereich über den Augenbrauen. Aktivierung der feinen Randschwingungen vor allem bei höheren Tönen. Leichter falsetthafter tragfähiger Pianoklang. Ein wesentliches Resonanzgefühl für den Übergang zur Höhe hin und besonders für die hohen Töne ab e' bzw. e''.

Zu 3) Vibrationsempfindungen im oberen und hinteren Kopfbereich. Aktivierung des M. cricothyreoideus und anderer kehlkopfsenkender Muskeln und damit des Kopfregisters. Voller, weicher, schwebender Klang (Kopfton). Eine der Grundbedingungen für die kultivierte Stimme.

Zu 4) Vibrationsempfindungen im Oberkieferbereich und an der Nasenwurzel (in der »Maske«). Aktivierung des M. vocalis auch bei höheren Tönen. Dieser Vordersitz der Stimme ist Ergebnis eines Balanceaktes von Aktiv- und Passivspannungen der Stimmlippen. Es resultiert ein registermäßig gemischter, strahlender obertonreicher Klang, der auch bei hohen Tönen — in Verbindung mit den Vibrationsempfindungen 2 und 3 — den Kontakt zum Brustregister wahrt.

Zu 5) Gefühl des Tonansatzes aus dem gedehnten Nacken heraus. Tief gesenkter Kehlkopf und geweitete Resonanzräume (offene Kehle) auf der Basis eines gespannten Zwerchfells. Es resultiert ein registermäßig gemischter voluminöser und metallischer Ton, der vor allem im Forte die Durchschlagskraft der Stimme in allen Lagen garantiert.

Eine Schulung der Empfindung für die verschiedenen Vibrationsstellen an Kopf und Brust sowie deren Kombinationen helfen, bewußt Einfluß auf die differenzierten Vorgänge im Kehlkopf zu nehmen. Auch bei der Interpretation des Kunstwerkes kann der Sänger dieses Wissen für einen nuancierten Vortrag einsetzen — die Stimmbildung ist aber erst gelungen, wenn sich die Vibrationen aus dem Erfassen des Stimmungsgehaltes heraus von selbst ergeben.

Dem M. cricothyreoideus, der bei hohen Tönen die Stimmlippen bis zu 5 mm verlängert und sie verdünnt, so daß die Randschwingungen leicht ansprechen, stehen weitere kehlkopfbewegende Muskeln gegenüber, die den Mechanismus der Stimmbildung wesentlich mitbestimmen. Den gesamten Kehlkopfkomplex senken zwei Muskeln, die am Zungenbein ansetzen. Der eine zieht zur Schulter (M. omohyoideus), der andere zum Brustbein (M. sternohyoideus). Ein die Stimmbildung direkter beeinflussender Muskelstrang verläuft vom Brustbein zum Schildknorpel (M. sternothyreoideus). Bei seiner Kontraktion wird der Schildknorpel nach unten gezogen und nach hinten gekippt. Er kann die Stimmlippen für hohe Töne einerseits spannen, sie für tiefe Töne aber auch entspannen. Diese Muskeln werden durch ein Spannungsgefühl in der Brust und Tonansatz am Brustbein aktiviert, aber auch mit der Bereitstellung der offenen Kehle.

Stimmlippenentspannende Funktion hat ein kehlkopfhebender Muskel, der am Ringknorpel ansetzt und nach hinten oben in die Mitte der Rachenhinterwand zieht (M. cricopharyngeus). Bei seiner Kontraktion wird der hintere Teil des Ringknorpels gehoben, was die Stimmlippen entspannt und verkürzt. Er ermöglicht im Alt und Baß die tiefsten Töne, und günstig für seine Tätigkeit ist ein leicht nach hinten geneigter Kopf mit Spannungsgefühl im Nackenbereich — ganz im Gegensatz zum M. cricothyreoideus, für dessen Aktivierung ein etwas nach vorne geneigter Kopf gute Voraussetzungen schafft.

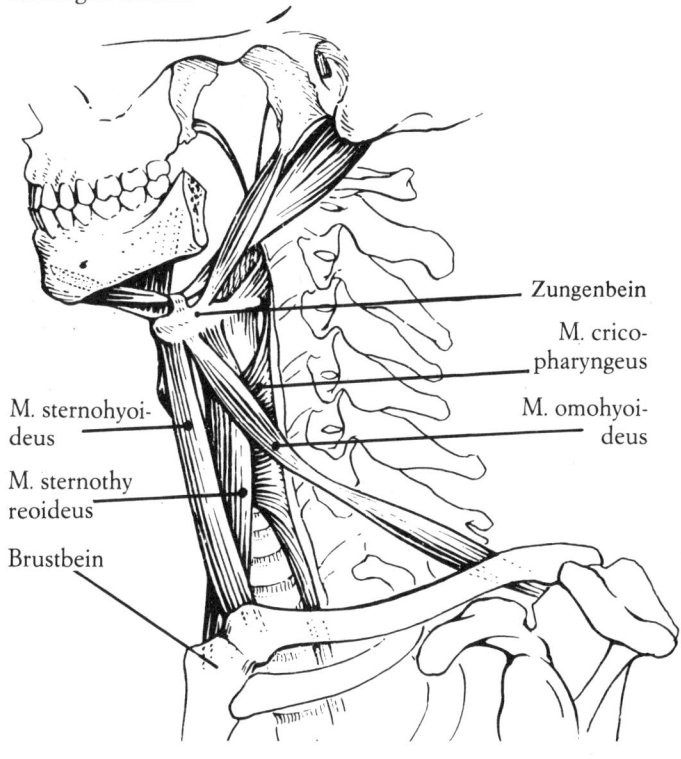

Zungenbein

M. crico-
pharyngeus

M. sternohyoi-
deus

M. omohyoi-
deus

M. sternothy
reoideus

Brustbein

(Modifizierte Abbildung nach Seidner/Wendler, S. 64)

Zwischen den schwingenden Stimmlippen und den Resonanzräumen bestehen Wechselbeziehungen, so daß sich beide in einem gegenseitigen Abhängigkeitsverhältnis befinden. Unterschiedliche Schwingungsformen führen zu verschiedenen Vibrationsempfindungen, und das angestrebte Resonanzgefühl wirkt wieder auf den Kehlkopf zurück. Die resonierenden Bezirke müssen sich laufend dem melodischen Verlauf wechselnder Tonhöhen anpassen. Wird vom Sänger starr an einer bestimmten Resonanzempfindung festgehalten — etwa dem Vordersitz der Stimme in der »Maske« —, führt das zur Unflexibilität der Resonanzhöhlen und damit auch zu Registerbruchstellen. Die Vibrationsempfindungen — auf der Basis locker weit gehaltener Resonanzräume — sind Reaktionen auf die registermäßige Disposition einer Stimme. Das Empfinden von Resonanz im Brust- und Kopfbereich stimmt mit den unterschiedlichen Schwingungsmöglichkeiten der Stimmlippen, die als Brust- und Kopfregister bezeichnet werden, überein.

Vor allem bei den tieferen Stimmen ist der deutliche Registerwechsel zwischen H und f (bzw. h und f') leicht mit der Verschiebung von überwiegenden Brust- zu überwiegenden Kopfvibrationen nachzuempfinden. Altistinnen macht dieser Übergang oft besonders zu schaffen, sie haben hier ihr »Loch«, das aus einer Registerdivergenz resultiert, die Stimme klingt matt, kraftlos oder gepreßt.

Die Gesangspädagogen Christian Gottfried Nehrlich (»Die Gesangkunst«, Leipzig 1860) und Emil Fischer (»Handbuch der Stimmbildung«, Tutzing 1969) versuchten, die registermäßigen Übergangsstellen systematisch zu erfassen und kamen zu einem Aufbauschema der Stimme nach Tetrachorden bzw. Quinten. (Der M. vocalis muß sich offensichtlich im Quintabstand durch Spannungsänderung der neuen Lage anpassen). Greift man diesen akustisch leicht nachvollziehbaren Ansatz auf und verbindet ihn mit den gängigen Registereinteilungen, resultiert ein Strukturierungsmodell der Sängerstimme, das der klanglichen Erfahrung wohl recht nahe kommt. Die angegebenen Übergangstöne stellen dabei nur Mittelwerte dar.

Registerübergänge in der Männerstimme (in der Frauenstimme eine Oktave höher):

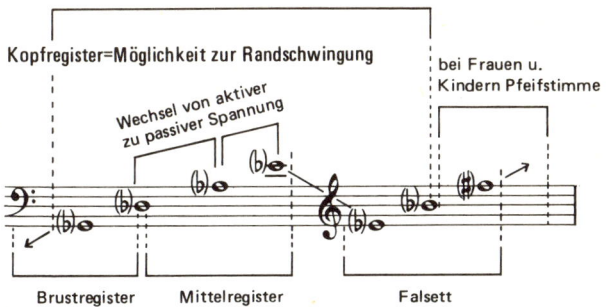

1) Tiefe Stimmen haben einen Übergang um Ges-G. Die tiefsten Töne des Brustregisters können nur mit entspannten Stimmlippen (Wirkung des M. cricopharyngeus) erzeugt werden.

2) Der Übergang um des-d markiert den Einschaltpunkt des M. cricothyreoideus (Spannung und Verlängerung der Stimmlippen durch Kippen des Kehlkopfes). Der M. vocalis muß sich allmählich abspannen.

3) Um as-a verliert der M. vocalis entscheidend an Wirkung, die Randschwingung dominiert endgültig. Wenn der Wechsel von aktiver zu passiver Stimmlippenspannung hier nicht stattgefunden hat, ist der Weg zu einer freien Höhe verbaut. Hochziehen des Brustregisters führt zu angestrengtem Forcieren. Die Stimme muß in dem Bereich a-es' bereits falsetthaft leicht werden, der Sänger hat nur darauf zu achten, daß er sie durch Ausnutzen der Resonanz dem Klang des Brustregisters angleicht. In dieser Lage macht jede Verkrampfung oder Unelastizität, jeder zu große Atemdruck den Aufschwung der Stimme zu einer freien Höhe unmöglich.

4) Um es'-e' verlagern sich deutlich die Vibrationsempfindungen in den oberen Kopf- und Stirnbereich. Der Übergang ist ähnlich gravierend wie der zum gemischten Mittel-

register um des-d. Falsett- und Kopfregister dominieren, die Aktivität des M. vocalis wird immer geringer. Das lockere Offenhalten der Resonanzräume gewährleistet weiterhin Sonorität, die erhalten bleiben muß.

5) Um b'-h' liegt bei den hohen Stimmlagen der Umsatzpunkt zu den höchsten Tönen, deren Schwingungsweisen noch wenig erforscht sind. Das gefürchtete »hohe C« gerät oft zum Kraftakt, weil es von der unteren Funktionslage aus erreicht werden soll und nach oben gestemmt wird. Frauen und Kinder haben ab h" eventuell ein Pfeifregister, das in seiner Mitte wiederum eine Bruchstelle aufweist.

Es kommt beim Singen darauf an, die aufgezeigten Registerbruchstellen durch weiche Anpassungsbewegungen des Kehlkopfes und der Resonanzräume, verbunden mit einer wohldosierten Ausatmung, unhörbar zu machen. Die Bewegungsabläufe, in die auch Zunge, Gaumensegel und Unterkiefer einbezogen sind, müssen dem Sänger zur zweiten Natur geworden sein. Erst wenn er automatisch die jeweils nächst höhere oder tiefere Funktionslage zuläßt, ohne sich an der alten versteift festhalten zu wollen und doch »im Klang« bleibt, wird ihm das gesangstechnische Ideal des »Einregisters«, die bruchlose Durchmischung der Stimme vom tiefsten bis zum höchsten Ton glücken.

Der Sänger kann mit einer solcherart durchgebildeten Stimme seine Empfindungen direkt und ungekünstelt in den Klang einfließen lassen und die feinsten musikalischen Nuancen darstellen. Er wird fähig sein, mit einer quasi instrumentalen melodischen Stimmführung den Text des Kunstwerkes aus seiner Vorstellung heraus auszuleuchten.

Einteilungsmöglichkeiten der Singstimme

Jede Stimme bildet durch ihr individuelles Timbre die Persönlichkeit des singenden Menschen nach. Insofern ist sie einzigartig. Bestimmte Merkmale können allerdings bei verschiedenen Sängern ähnlich sein, so daß sich Singstimmen unter diesen Gesichtspunkten einteilen lassen. Es gehört ein sehr geübtes Ohr dazu, solche Einteilungen im Einzelfall vorzunehmen. Die Sänger selbst verstehen es oftmals kaum, ihre Stimmen zutreffend zu beurteilen.

Schon die Zuordnung der Singstimme zu einer »Stimmgattung« kann problematisch sein. Im Laufe der geschichtlichen Entwicklung haben sich die Extreme hoch-tief, d. h. Sopran-Alt bei Frauen und Kindern, Tenor-Baß bei Männern herausgebildet, wozu im 19. Jh. als weitere Differenzierungsmöglichkeiten noch die Zwischenstufen Mezzo und Bariton stießen — und dann noch genauer etwa Mezzosopran, Tenorbariton oder Baßbariton. Einen historischen Sonderfall stellen die Contratenöre als bis in die Altlage reichende höchste Männerstimmen dar (in England Countertenor, in Italien Tenore-Contr'-Altesco, in Frankreich Haute-contre genannt). Noch die Gesangspädagogen Manuel Garcia (1847) und Christian Gottfried Nehrlich (1860) beschrieben in ihren Schriften diese Stimmgattung und hoben hervor, daß es sich um sehr seltene, hochgelegene Tenöre handelt, die mit registermäßig gemischter Stimme singen. Auch die Bedeutung der Kastratenstimme war zeitlich (vom 16. bis zum 19. Jh.) begrenzt.

Die Stimmgattungen ähneln sich darin, daß sie in einem bestimmten Umfang zu einer guten musikalischen Leistung fähig sind und den dazu passenden Klangcharakter der Stimme aufweisen. Nicht immer kann ein junger Sänger von vornherein einer Stimmgattung zugeordnet werden. Oft muß sich die für ihn günstige Lage der Stimme erst in einem längeren inneren und äußeren Reifeprozeß herausbilden. Ist der Sänger zu früh auf eine bestimmte Lage fixiert, besteht die Gefahr, daß er niemals zu seinem eigenen Klang findet.

Anfänglich mangelnde Höhe oder Tiefe, ein zu kleines Volumen durch muskuläre Verspannungen in den Resonanzräumen und andere Grundfehler der Stimme, auch Störungen in der Persönlichkeitsentwicklung des Sängers führen leicht dazu, die Stimmgattung falsch zu beurteilen. Man kann seine Stimme — bewußt oder unbewußt — »verstellen«, sie aufhellen oder abdunkeln, ohne daß dieses Klanggepräge ihr eigentlich zukommt.

Sind grobe Fehler in der Stimmbehandlung ausgeschaltet, kann dem Sänger vorsichtig und vorläufig eine Stimmgattung nahegelegt werden. Die allgemeinen Kriterien sind für

Alt und Baß:	Günstige Lage ca. f-f'' bzw. F-f'. Größeres Volumen, relativ dunkel timbriert.
Mezzo und Bariton:	Günstige Lage ca. a-a'' bzw. A-a'. Mittleres Volumen, im Timbre jeweils mehr der tieferen oder höheren Gattung angenähert.
Sopran und Tenor:	Günstige Lage ca. c'-c''' bzw. c-c''. Kleines, »schlankes« Volumen, relativ hell timbriert.

Bereits die Sprechstimme gibt Hinweise auf die Zugehörigkeit zu einer Stimmgattung — wenn sie nicht, wie es häufig vorkommt, aus psychischen Gründen überhöht ist oder künstlich heruntergedrückt. Der mittlere Ton, um den die Sprechstimme sich bewegt, liegt bei Altistinnen unter gis, bei Sopranistinnen darüber, Bässe sprechen meist um G/Gis oder darunter, Baritonisten um A/B, Tenöre um H/c. Der entspannt sprechende Mensch hält sich vorwiegend im unteren Drittel seines Stimmumfanges auf, in der gut resonierenden Indifferenzlage (auch »Phonischer Nullpunkt« genannt). Hier ist mit dem geringsten Energieaufwand ein Maximum an Klangabstrahlung zu erreichen. Tiefe Stimmen sprechen in der Indifferenzlage, die auf dem Brustregister basiert, volltönender. Verspannungen, die das Stimmvolumen verkleinern oder eine überhöhte Lage bedingen, können mit Hilfe stimmhafter Kaubewegungen gelockert werden. Die Kaustimme selbst liegt unterhalb des phonischen Nullpunkts.

Zwischen den Stimmgattungen und dem allgemeinen Körperbau bestehen häufig Wechselbeziehungen — Ausnahmen sind allerdings an der Regel.

Höhere Stimmen:	Geringe Körpergröße mit rundlichem Kopf und tiefem quadratischem Brustkorb. Kleine Resonanzhöhlen. Geringer Abstand des Kehlkopfes zum Rachen. Die Gaumenform ist hoch und spitz. Kleinerer Kehlkopf mit kurzen, kräftigen Stimmlippen.
Tiefere Stimmen:	Groß mit länglicher Kopfform und einem langen, relativ flachen Brustkorb. Große Resonanzhöhlen mit (vor allem beim Baß) weitem Abstand zwischen Zäpfchen und Rachenhinterwand. Relativ weiter Abstand des Kehlkopfes vom Rachen. Breiter, flacher Gaumen. Größerer Kehlkopf mit langen, dünnen Stimmlippen.

Für die Opernpraxis hat sich eine Einteilungsmöglichkeit der Singstimmen in lyrische und dramatische bewährt. Lyrische Stimmen haben zumeist — unabhängig von der Länge — schlanke, schmale Stimmlippen, dramatische Stimmen dagegen kräftige, breite. Mit den schmalen Stimmlippen korrespondiert ein von Kopfregister, bzw. Falsett geprägter dunkel warmer bis leicht schwebender Klangcharakter, mit den breiten Stimmlippen ein vom Brustregister geprägtes wuchtig metallisches Timbre. Die Entwicklung zum dramatischen Sänger nimmt mehr Zeit in Anspruch als die zum lyrischen. Dazwischen liegen Stimmen, bei denen Brust- und

Kopfregister klanglich einigermaßen ausgewogen auftreten. Sie schlagen eine Brücke vielfältig möglicher Übergänge zu den extremen Stimmtypen und besitzen oft große Strahlkraft und Glanz.

In der Opernpraxis werden diese miteinander klanglich verwandten Stimmen zu »Stimmfächern« zusammengefaßt, denen bestimmte, für sie günstige Opernpartien (»Rollenfächer«) zugewiesen sind.[3] Die noch heute gängigen Stimmfächer haben sich vom ausgehenden 18. Jh. bis zur Mitte des 19. Jh. herausgebildet, als die alte Opernpraxis allmählich abstarb und sich eine neue etablierte.

Die Einordnung des Sängers in ein Stimmfach ist nur bei ausgereifter Stimme sinnvoll. Doch kann eine Naturanlage so stark dominieren, daß für ein geschultes Ohr schon relativ früh Klarheit herrscht. Andere Stimmen wiederum kommen erst sehr langsam zu sich selbst. Dramatische Sänger reifen oft erst zwischen ihrem 30. und 40. Lebensjahr und können stimmlich vorher kaum die Anforderungen dramatischer Partien (etwa bei Wagner) wirklich bewältigen. Sie sollten deshalb bis zur stimmlichen Reife im lyrisch-dramatischen Zwischenfach eingesetzt werden. Lyrische Sänger bewältigen ihre Partien (etwa bei Mozart) oft schon wesentlich früher .

Neben diesen »seriösen« Fächern stehen die heiteren des »Buffo«-Bereichs. Sie verlangen vom Sänger vor allem auch schauspielerisches Können und ausgelassene Spielfreude. Stimmlich sind sie vom leichten Kopf-Falsett-Register geprägt, doch steht eine ausgesprochene Stimmschönheit wie bei den lyrischen Sängern nicht im Vordergrund.

[3] Verschiedenartige Verbindungen von Stimmfächern und Rollenfächern findet man bei Franziska Martienßen-Lohmann: Der Opernsänger, Mainz 1943, Martha Dietrich: Stimmgattungen und Rollenfächer in der Oper, 1964, Bernd Göpfert: Stimmtypen und Rollencharaktere in der deutschen Oper von 1815 - 1848, Wiesbaden 1977 und Rudolf Kloiber/Wulf Konold: Handbuch der Oper, Kassel 1985 (5. erw. Auflage)

Die Koloratursopranistin muß — im ernsten wie im heiteren Bereich — über eine besonders bewegliche Stimme verfügen, mit der Fähigkeit, das Pfeifregister ab h" musikalisch einzusetzen.

Durch das gemeinsam dominierende Register lassen sich die Stimmfächer zu »Familien« ordnen, deren Mitglieder im Klangcharakter untereinander korrespondieren.

Lyrisch: Es dominiert im Klang der Kopf-Falsett-Registerbereich. Die Stimme hat gute Höhenveranlagung, ist leicht, warm bis weich, abgerundet, schmelzend.

Lyrischer Koloratursopran (c'-a'''')
Lyrischer Sopran (c'-c''')
Lyrischer Tenor (c-c'' oder d'')
Lyrischer Bariton (A-a')
Lyrischer (Seriöser) Baß (E-f')

Lyrisch-Dramatisches Zwischenfach: Relative Ausgewogenheit der Register im glänzend, strahlenden Klang. Größeres Volumen.

Jugendlich-dramatischer Sopran (c'-c''')
Charaktersopran (Mezzosopran) (a-c''')
Jugendlicher Heldentenor (c-c'')
Charaktertenor (Tenorbariton) (A-b')
Kavalierbariton (A-a')
Charakterbariton (G-as')
Charakterbaß (Baßbariton) (E-fis')

Dramatisch: Im Klang dominiert das metallische Brustregister. Die Stimme ist relativ schwer und voluminös und hat neben einer gut ausgebildeten Tiefe eine kraftvoll strahlende Höhe.

Dramatischer Koloratursopran (a-f'''')
Dramatischer (Hochdramatischer) Sopran (g-c''')
Dramatischer Mezzosopran (g-b'')
Dramtischer Alt (Kontra Alt) (f-a'')
Heldentenor (Tenorbariton) (c-c'')
Heldenbariton (Baßbariton) (Fis-g')
Seriöser (Schwarzer) Baß (C-f')

Buffoneske Spielfächer: Geprägt vom Kopf-Falsett-Register. Leichte, bewegliche Stimme gepaart mit agiler Spielfreude und witzigem Darstellungsvermögen. In bestimmten Partien (vor allem beim Baßbuffo und der Koloratursoubrette) muß sich die Stimme in der Qualität den »seriösen« Fächern angleichen.

Koloratursoubrette (c'-f'''')
Soubrette (c'-c''')
Spielalt (lyrischer Mezzosopran) (g-b'')
Tenorbuffo (c-h')
Spielbariton (A-as')
(Schwerer) Baßbuffo (D-f')

Im Gegensatz zum Opernsänger, der sich spezialisieren kann, muß die Stimme des ausgesprochenen Konzertsängers umfassenderen Ansprüchen genügen. Arbeitet er als Oratoriensänger im kirchlichen Bereich, ist sowohl Leichtigkeit und Elastizität zur Bewältigung der oft koloraturenreichen und hochgelegenen Partien erforderlich, als auch gute Tragfähigkeit und ein relativ großes Volumen, um den eventuell akustisch ungünstigen Kirchen- oder Konzertraum mit seiner Stimme ausfüllen zu können. Der Liedersänger benötigt vor allem lyrische Piano-Qualitäten und ein Höchstmaß an stimmlicher Differenzierungsmöglichkeit, die auch einen eruptiven Ausbruch zuläßt.

Stimmfehler

Grundsätzliche Schwierigkeiten beim Singen — und auch schon beim Sprechen — treten auf, wenn innere und äußere Balance nicht gefunden wird, der Sänger stattdessen übermäßig Muskelkraft und Atemdruck zur Produktion des Tones einsetzt. Es zeigen sich typische Krampferscheinungen an den Bauchmuskeln, am Hals und im Kopfbereich. Die Stimme klingt unfrei, gepreßt, die Register fallen auseinander (Registerdivergenz), und Randschwingungen der Stimmlippen sind in schweren Fällen nicht mehr möglich. Diese Form einer funktionellen Stimmstörung, der »hyperkinetischen Dysphonie«, kann in unserer Kultursphäre häufig beobachtet werden, wobei die Symptome mehr oder weniger ausgeprägt auftreten. Übungsziel der Stimmbildung ist es, diese Hyperfunktionen abzubauen, d.h. Verspannungen aufzulösen und in nötige Spannungen überzuführen.

Der unökonomische Gebrauch der Stimme ist einerseits schon im Kindesalter — durch Eltern und Spielkameraden, im Kindergarten und in der Schule, sowie durch die Massenmedien (etwa Imitation von Rock-Stimmen) — anerzogen, andererseits sind Verkrampfungen im Bereich der Atmung und im Rachen auch Auswirkungen nervöser Störungen. Allgemeine Reizüberflutung, latente Furcht, unterdrückter Ärger, Leistungszwang, überhaupt jede Schwierigkeit, die individuellen emotionalen Bedürfnisse mit einem auf Rationalität begründeten gesellschaftlichen Leben in Übereinklang zu bringen, produziert eine Abwehrhaltung, die sich automatisch negativ auf Atmung und Stimme auswirkt.

»Atmungsprozesse sind besonders stark dem Einfluß von Furcht und Angst unterworfen. Furcht »legt sich« auf das Zwerchfell, und die Koordination zwischen Zwerchfelldruck und Larynxdruck geht verloren. Normalerweise stützt diese Koordination den Ton; wenn aber der Atmungsdruck schwächer wird als der Glottisdruck (oder dieser seinerseits die Stimmbänder zusammenhält), dann wird der Ton ein zittriges Tremolo. Wird umgekehrt der Atmungsdruck stärker als der Glottisdruck, dann entweicht die Luft mit einer Explosion, dem »Glottisschlag«, oder mit »wilder Luft««. (Moses: Die Stimme der Neurose, S. 110)

Auch eine angespannte Mund- und Kiefermuskulatur mit krampfartigen Auswirkungen auf Zunge, Gaumensegel, Rachen und Hals ist Ausdruck der Angst und soll nicht vorhandene Entschlossenheit und Energie vortäuschen (Überkompensierung).

Unsicherheiten beim Singen manifestieren sich durch das Auftreten von Ersatzfunktionen. Relativ harmlos sind: auf die Zehen stellen, Augenbrauen hochziehen oder Augen aufreißen und Stirnrunzeln vor der Produktion eines hohen Tones. Schwerer wiegt schon der nachdrückliche Gebrauch von Brust- und Bauchmuskeln. Die aus der Psyche resultierenden Störungen können zur permanenten Heiserkeit — und im Extremfall zur Stimmlosigkeit (Aphonie) — führen. Mit der hyperkinetischen Dysphonie ist zumeist eine typische Hochatmung gekoppelt: Brust und Schultern werden gehoben, der Bauch dagegen wird eingezogen. Im Hals besteht Trockenheitsgefühl, verbunden mit Räusperzwang. Permanenter Überdruck führt gelegentlich — besonders bei Frauen, aber auch bei Tenören — zu Stimmlippenknötchen, die einen einwandfreien Schwingungsvorgang ausschließen. Hohe Töne können dann nur noch schwer und gar nicht mehr im Piano produziert werden. Vorausgegangen ist dem immer ein harter, forcierter Stimmeinsatz (Glottisschlag). Verspannungen im Kehlkopf sind oft schon durch eine geräuschvolle Einatmung zu bemerken. Der häufige »Knödel« resultiert aus einer Verengung des Rachens und Zurückverlagerung der Zunge.

Diesen hyperkinetschen Dysphonien stehen die selteneren

hypokinetischen Dysphonien gegenüber, die auf einer Schwäche der Kehlkopfmuskulatur beruhen. Wegen des unvollständigen Stimmlippenschlusses klingt die Stimme matt, belegt und verhaucht (wilde Luft). Auch Näseln tritt auf, wenn das Gaumensegel zu schlaff herunterhängt, und die Luft durch die Nase entweichen kann. Diese Stimmschwäche ist oft in eine allgemein lasche Körperhaltung und flache Atmung eingebunden.

Während Sänger mit Symptomen einer hyperkinetischen Dysphonie erst einmal grobe Fehlspannungen beseitigen müssen, können soche mit Hypofunktionen sofort am Aufbau der Singspannung arbeiten. Man muß aber sehr darauf achten, daß aus einer Hypokinese nicht durch Fehlkompensation eine Hyperkinese entsteht. Erschlaffen überstrapazierte Muskeln — etwa wegen einer permanent unökonomischen Sprech- oder Singtechnik —, kann daraus auch ein hypofunktionelles Klangbild resultieren.

Schlechte Erfahrungen während eines öffentlichen Auftritts — etwa das Mißlingen eines hohen oder tiefen Tones usw. — führen gelegentlich selbst bei »gestandenen« Sängern zu sogenannten »Erwartungsneurosen«. Kommt man später wieder an die gleiche Stelle, versteift sich der Singapparat automatisch. Mehrere Wiederholungen dieser Ausfälle können den Sänger und damit auch seine Stimme durcheinanderbringen. Um größere Schäden zu vermeiden muß die Selbstsicherheit — etwa durch Autosuggestion — schnellstens wiederhergestellt werden.

Ein Stimmtraining, das im Regelfall die Beseitigung von Stimmfehlern mit einbeziehen muß, sollte im Rahmen einer allgemeinen Arbeit am Körper stattfinden. Die nachempfundene koordinierte Muskelzusammenarbeit des gesamten Körpers ist eine Grundbedingung für den freien Ton. Die einzelnen Probleme bei der Tonbildung müssen in diesen Zusammenhang gestellt und von daher gelöst werden.

Die Sensibilität für gewünschte Muskelspannungen kann nur durch permanente Übung gewonnen werden, wobei ein Gesangs-Meister dem angehenden Sänger durch sein Vorbild und mit verbalen Anweisungen hilfreich zur Seite stehen sollte. Günstig wirkt sich zusätzlich ein »Mentales Training« aus, d.h. ein bewußtes, konzentriertes Vorstellen der zu übenden Funktionsabläufe (stummes Üben). In den einzelnen Bereichen treten gehäuft Fehler auf, die zumeist auf Verspannungen beruhen:

Haltung

Allgemeine Unruhe, unkontrollierte Bewegungen. Schlaffe oder verkrampfte Grundeinstellung. Rundrücken mit eingesunkenem Brustkorb oder Hohlkreuz.

Korrekturen

Einpendeln in die Körpermitte, zur inneren Ruhe kommen. Die Beine sind fest mit dem Boden verbunden. Gespannte Haltung einnehmen mit leicht gedehntem Brustkorb und Rücken. Innerlich federnde Grundhaltung erreichen wie beim Seilspringen.

Leichte Sportarten wie Schwimmen, Paddeln, Dauerlauf, Skilanglauf, Radfahren, Tischtennis usw. wirken sich positiv auf die Grundhaltung aus.

Atmung

Geräuschvolle Hochatmung. Verkrampfte Bauchmuskeln mit Nachdruck beim Singen.

Luft ausblasen und warten, bis der Atemimpuls von selbst einsetzt. Nicht zu tief und gewaltsam einatmen, Atem kommen lassen und dabei die Bauchmuskeln lösen. Gleichzeitig in den »Hinterkopf« atmen und dabei die Rachenringmuskeln entspannen (offener Hals). Während der Einatmung sollte sich der Kehlkopf elastisch senken, was durch die Vorstellung des Riechens gefördert wird.

Fehlendes Balancegefühl mit inaktivem Zwerchfell.

Zwerchfell aktivieren und reflektorische Einatmung trainieren: Luft einschnüffeln und stoßweise wieder ausblasen, dabei den Bauch federn lassen. Hecheln und dann auch auf einem Ton im Staccato lachen (ha, ha, ha ...) und sich in die Atemmittellage einpendeln, d.h. durch die zurückfedernde

Bauchdecke die Luft ständig wieder unwillkürlich erneuern. Atemwurfübungen durch Zwerchfellstöße (pah-peh-pih-poh-puh) und dabei die Luft durch lösen der Bauchmuskeln reflektorisch einströmen lassen.

Zwerchfellaktivierung auch über Konsonantenarbeit: Die Ausatmung durch einen Konsonanten bremsen (etwa f, sch, w, m). Zwischen Konsonanten einen Vokal schieben und im Vokal die Spannung des Konsonanten halten (fam-fem-fim usw.). Bauchdecke schwingen lassen mit stoßweisem f-f-f-f-f oder w-w-w-w-w-w. Bei dieser Grundübung für die Ausführung der Koloratur lernen die Stimmlippen — verbunden mit einem Vokal — auf Druckschwankungen fein zu reagieren. Zwerchfell auch mit p, t, k anregen (etwa l-k, t-k, p-t).

Man sollte auch üben, die Einatmung auf die Länge einer zu singenden Phrase hin auszurichten.

Allgemeine Verspannungen (geladen sein und nicht abladen können) werden gut mit Stöhnen und Seufzen abgebaut.

Resonanz und Artikulation
Verspannte Hals- und Rachenmuskulatur (faukale Enge).

Zur allgemeinen Lockerung Kauübungen, allmählich stimmhaft (mnjam, mnjam ..., dann auch kauend einen Text sprechen). Zur Weitung und Lockerung des Rachens Luft eintrinken, oder mit geschlossenem Mund behaglich tief angähnen (Tiefgriff mit Senkung des Kehlkopfes).

Rückverlagerung der Zunge (Knödel), verspanntes Gaumensegel, mangelnde Lockerheit und Beweglichkeit des Unterkiefers.
Zusammengepreßte Lippen.

Zunge mit der Masse nach vorn fallen lassen, dabei Unterkiefer weich senken. Unterkiefer herunterschnicken und zurückfedern lassen. Zur Lockerung des Gaumensegels beim Einatmen schnarchen.

Zur Lockerung der Lippen Vibrationsübungen (Lippenflattern) mit positiver Rückwirkung auch auf das feine Spiel der Kehlkopfmuskeln.

Obertonarmer Klang.

Nasalisierungsübungen zur Aktivierung des Nasenrachenraumes und zur Entspannung (ng-a usw.). Mit Spannung den Vokal aus ng, n, m, l, w herauswachsen lassen, um den nasalen Anteil auch im Vokal zu erhalten. Innerlich breit Lächeln mit Zug zu den Ohren hin (Breitspannung), dabei weiche Bewegungen von Zunge und Unterkiefer (Mandelbaum, Memmingen, wonnevoll usw.). Allgemein bei Sprechübungen vorne artikulieren, ohne die hintere Weite und Lockerheit zu verlieren. Durch Vokalausgleich die positiven Qualitäten der Vokale miteinander mischen. Mit Hilfe von Vibrationsschulung die Resonanzempfindung wecken.

Stimmlippen

Harter Stimmeinsatz (Glottisschlag).

Die Einatmungsspannung (innere Weite) beim Toneinsatz halten, nach der Einatmung sofort weich, ohne Nachdruck einsetzen.

Mangelnder Stimmlippenschluß (wilde Luft).
Schwierigkeiten bei der Anpassung an verschiedene Tonhöhen (Registerdivergenzen).

Schließübungen der Stimmlippen (etwa ba, be usw.) mit Zwerchfellaktivität.
Kultivierung des schwingenden Vibratos. Übermäßiges Intensitätsvibrato (Zwerchfellschwingung) als Anpassungstraining der Kehlkopfmuskulatur an Luftdruckschwankungen (in Verbindung mit Koloraturübungen auch an verschiedene Tonhöhen). Üben der »Messa di voce«. Schleifübungen in die Höhe und in die Tiefe, um gleitende Kehlkopfbewegungen sowie die Spannungsmodifikationen der Stimmlippen zu trainieren (Portamentoübungen).

Weiterführende Literatur

Argyle, Michael: Körpersprache und Kommunikation, Paderborn 1979

Baum, Günther: Abriß der Stimmphysiologie (mit Vorschlägen für die Stimmbildung), Mainz 1972

Becker, Klaus/Sovák, Miloš:
Lehrbuch der Logopädie, Königstein/Taunus 1979 (2. erw. Aufl.)

Böhme, Gerhard: Stimm-, Sprech- und Sprachstörungen. Ätiologie, Diagnostik, Therapie, Stuttgart 1974

Bürger, Horst: Die Beobachtung der Stimmlippenbewegungen mittels der Glottographie, Diss. München 1967

Cobet, Rudolf/Köhler, Udo/Schönfeld, Günther:
Über die Fortleitung von Schallwellen gesungener Töne zur Brustwand und zum Schädeldach, in: Zeitschrift für Hals-, Nasen- und Ohrenheilkunde 157, 1951, S. 641-649

Coblenzer, Horst/Muhar, Franz:
Atem und Stimme. (Anleitung zum guten Sprechen), Wien 1976

Dietrich, Martha: Stimmgattungen und Rollenfächer in der Oper, in: Musikerziehung 1964, S. 207-212

Egenolf, Heinrich: Wunder des Atmens, Stuttgart 1952
Die Menschliche Stimme. Ihre Erziehung, Erhaltung und Heilung, Stuttgart 1953, Neuauflage 1974

Essen, Otto von: Neuere Ergebnisse der Stimmforschung, in: Die menschliche Stimme (Physiologie, Psychologie, Hygiene, Pathologie und Therapie), Herausgegeben von der Arbeitsgemeinschaft für Sprachheilpädagogik in Deutschland, e.V., Hamburg 1957, S. 14 ff.

Fährmann, Rudolf: Die Deutung des Sprechausdrucks. Studien zur Einführung in die Praxis der charakterologischen Stimm- und Sprechanalyse, Bonn 1967 (2. Aufl.)

Faust, Johannes: Aktive Entspannungsbehandlung. Neue Wege zur Heilung von Neurosen, vegetativer Dystonie und Neurasthenie sowie verwandter Zustände unter Berücksichtigung von Atmung und Sprache, Stuttgart 1976 (9. Auflage)

Felsenstein, Walter: Schriften zum Musiktheater, Berlin 1976

Fernau-Horn, Helene: Die funktionellen Stimmstörungen, ihre Ursachen und Erscheinungsformen, in: Die menschliche Stimme, Hamburg 1957, S. 34/35
Die Übungsbehandlung der funktionellen Stimmstörungen, in: Die menschliche Stimme, Hamburg 1957, S. 35 ff.
Die Sprechneurosen, Stuttgart 1973 (2. Auflage)

Fischer, Emil: Handbuch der Stimmbildung, Tutzing 1969

Fischer-Dieskau, Dietrich: Sprache als Teil des Gesangsunterrichts, in: Töne sprechen, Worte klingen. Zur Geschichte und Interpretation des Gesangs, Stuttgart/München 1985, S. 442-460

Fischer-Junghann, Elisabeth: Gesangsbildungslehre. Der Gesang am Scheidewege, Wilhelmshaven 1984 (2. Aufl.)

Fuchs, Marianne: Funktionelle Entspannung. Theorie und Praxis einer organismischen Entspannung über den rhythmisierten Atem, Stuttgart 1974

Gäbel, Christian: Praktische Anleitungen zum richtigen Singen. Singen — ein Muskeltraining, Hamburg 1976

Goldhan, Wolfgang: Untersuchungen zum Intensitätsvibrato der Sängerstimme, Diss. Berlin 1972
Kennzeichen der Sängerstimme, Leipzig 1980

Gundermann, Horst: Die Berufsdysphonie. Nosologie der Stimmstörungen in Sprechberufen unter besonderer Berücksichtigung der sogenannten Lehrerkrankheit, Leipzig 1970

Habermann, Günther: Stimme und Sprache: Eine Einführung in ihre Physiologie und Hygiene; (für Ärzte, Sänger, Pädagogen und alle Sprechberufe), Stuttgart 1978

Haefliger, Ernst: Die Singstimme (Unsere Musikinstrumente 10), Bern 1983

Heidelbach, Johann-Georg: Über die Methodik, Wertigkeit und den Nutzen laryngologisch-phoniatrischer sowie gesangspädagogisch-physiologischer Untersuchungen für die Eignung zum Sängerberuf, Diss. Dresden 1976

Heyer-Grote, Lucy (Hrsg.): Atemschulung als Element der Psychotherapie, Darmstadt 1970

Hinrichs, Gabriele: Zur klanglichen Gestaltung des sängerischen Ausdrucks, gezeigt an Liedbeispielen des 19. und 20. Jh., Diss. Wien 1972

Husler, Frederick/Rodd-Marling, Yvonne:
Singen. Die physische Natur des Stimmorgans, Mainz 1965 (Neuauflage 1978)

Iro, Otto: Diagnostik und Pädagogik der Stimmbildung, Wiesbaden 1961

Klausmeier, Friedrich: Die Lust, sich musikalisch auszudrücken. (Eine Einführung in sozio-musikalisches Verhalten), Reinbek bei Hamburg 1978

Kümmel, Werner Friedrich: Musik und Medizin. Ihre Wechselbeziehungen in Theorie und Praxis von 800 bis 1800, Freiburg/München 1977

Lacina, O.: Versuch einer Klassifikation der Gesangsstimmfehler, in: Folia phoniatrica 34, Basel 1982, S. 88-91

Lecourt, Edith: Praktische Musiktherapie, Salzburg 1979

Linke, Norbert: Heilung durch Musik? Didaktische Handreichungen zur Musiktherapie, Wilhelmshaven 1977

Lohmann, Paul: Stimmfehler, Stimmberatung, Mainz 1969 (7. Aufl.)

Lowen, Alexander: Bio-Energetik. (Therapie der Seele durch Arbeit mit dem Körper), Reinbek bei Hamburg 1979

Luchsinger, Richard: Falsett und Vollton der Kopfstimme, in: Archiv für Ohren-, Nasen- und Kehlkopfheilkunde, vereinigt mit Zeitschrift für Hals- Nasen- und Ohrenheilkunde 155, 1949, S. 505-519
Stimmphysiologie und Stimmbildung, Wien 1951
Handbuch der Stimm- und Sprachheilkunde (2 Bde. gemeinsam mit G. E. Arnold), Bd. 1: Die Stimme und ihre Störungen, Wien 1970 (3. erweiterte Aufl.)

Manén, Lucie: Bel Canto. Die Lehre der klassischen italienischen Gesangschulen; ihr Verfall und ihre Wiederherstellung, Wilhelmshaven 1986

Martienßen-Lohmann, Franziska: Der Opernsänger. Berufung und Bewährung, Mainz 1943 (Neuaufl. 1970)
Ausbildung der Gesangs-Stimme, Wiesbaden 1957

Der Wissende Sänger. Gesangslexikon in Skizzen, Zürich/Freiburg 1981 (3. Aufl.)

Molle-Kosa, Elisabeth: Atmen, Sprechen, Reden, Singen, Bad Homburg v.d.H. 1975

Moses, Paul J.: Die Stimme der Neurose, Stuttgart 1956

Nadoleczny, Max: Funktionelle Stimmstörungen und Psychiatrie, in: Zeitschrift für Laryngologie, Rhinologie, Otologie und ihre Grenzgebiete Bd. 23, Leipzig 1932 S. 313-321

Orthmann, Werner: Stimmstörungen als psychophysisches Komplexphänomen, in: Die menschliche Stimme, Hamburg 1957, S. 81 ff.

Pahn, Johannes: Stimmphysiologische Untersuchungen der Verspannungserscheinungen beim Singen. (Ein Beitrag zur Grundlagenforschung der Methodik des Gesangunterrichts), Diss. Berlin 1960 (2 Bde.)
Stimmübungen für Sprechen und Singen, Berlin 1968
Anatomisch-physiologische Grundlagen für das stimmfunktionell richtige und ausdrucksvoll gestaltete Singen, in: Singen, Stimmbildung und Liedgestaltung, hrsg. von einem Autorenkollektiv, Berlin 1983, S. 13-44

Parow, Julius: Funktionelle Atmungstherapie, Stuttgart 1972 (3. neubearb. Auflage)
Stimmschulung, ihre Technik zur Erhaltung, Kräftigung und Wiederherstellung der gesunden Stimme, Stuttgart 1975 (2. überarb. Auflage)

Paulsen, Karsten: Das Prinzip der Stimmbildung in der Wirbeltierreihe und beim Menschen, Frankfurt 1967

Pfau, Wolfgang: Klassifizierung der menschlichen Stimme, Leipzig 1973

Preu, Otto: Systematische Untersuchungen des normalen Stimmwechselverlaufes bei Knaben und Mädchen und die sich daraus ergebenden Schlußfolgerungen für die Behandlung der Stimme während der Mutation, Diss. Berlin 1961

Prosser-Bitterlich, Sigrid: Gesangsschule. Gesangsausbildung durch Kontrolle von Körper — Gefühl — Verstand, Wien 1979

Richter, Manfred: Aktive Musiktherapie in Gruppen. Modelle — Projekte — Interaktionen, Stuttgart 1977

Riesch, Anneliese: Lebendige Stimme. Stimmbildung für Sprache und Gesang, Mainz 1972

Rohmert, Walter (Hrsg.): Grundzüge des funktionalen Stimmtrainings, Köln 1984 (2. überarb. Auflage 1985)

Rossi, Eduard: Neue Grundlagen für den Sprech- und Gesangsunterricht, München/Basel 1965

Rudolph, Siegfried: Vergleiche zwischen Gaumenform und Stimmtimbre bei Gesangsstudenten, Diss. Dresden 1969

Schlaffhorst, Clara/Andersen, Hedwig:
Atmung und Stimme, neu herausgegeben von Wilhelm Menzel, Wolfenbüttel 1950

Schmidt, Robert F./Thews, Gerhard (Hrsg.):
Physiologie des Menschen, Berlin-Heidelberg-New York 1977 (19. überarb. Aufl.)

Schwabe, Christoph: Musiktherapie bei Neurosen und funktionellen Störungen, Stuttgart 1974 (3. überarb. u. ergänzte Aufl.)

Seidner, Wolfram/Wendler, Jürgen:
Die Sängerstimme. Phoniatrische Grundlagen für die Gesangsausbildung, Wilhelmshaven 1978 (2. veränderte Auflage 1982)

Stampa, Aribert: Atem, Sprache und Gesang, Kassel 1973 (2. Aufl.)

Trenschel, Walter: Das Phänomen der Nasalität. Darstellung der Theorien und Untersuchungen einer Laut- und Klangerscheinung in der Geschichte der Phonetik und Phoniatrie, der Gesangspädagogik und Sprecherziehung, (Schriften zur Phonetik, Sprachwissenschaft und Kommunikationsforschung 17), Berlin 1977

Trojan, Felix: Der Ausdruck der Sprechstimme. (Eine phonetische Lautstilistik), Wien-Düsseldorf 1952 (2. ergänzte Aufl.)

Wethlo, Franz: Zur Entwicklung der Methoden der Stimmerziehung, in: Die menschliche Stimme, Hamburg 1957, S. 17 ff.

Winckel, Fritz: Stimmorgane, in: Die Musik in Geschichte und Gegenwart Bd. 12, Kassel 1965

Wirth, Günter: Stimmstörungen. (Lehrbuch für Ärzte, Logopäden, Sprachheilpädagogen und Sprecherzieher), Köln-Lövenich 1979

Wolks, Hubert: Stimmhygiene, Stimmpflege und Stimmschulung im Gesangunterricht, in: Die menschliche Stimme, Hamburg 1957, S. 61 ff.

Wulff, Henning: Diagnose von Sprach- und Stimmstörungen, München 1983

Wulff, Johannes: Fragen aus der stimmtherapeutischen Praxis, in: Die menschliche Stimme, Hamburg 1957, S. 41 ff.

II. Kapitel

Zur Vortragspraxis und Interpretation der Vokalmusik

In der älteren Vokalmusik — und von ihr abgeleitet auch der Instrumentalmusik — wurde von den Komponisten nur das zur Bestimmung des Charakters notwendige Gerüst durch Noten festgelegt, die melodische Ausschmückung war Aufgabe der Ausführenden. Zur alten »Singe-Kunst« gehörte daher nicht nur die Fähigkeit zur exakten Reproduktion des Notentextes, sondern auch improvisatorische Fantasie.

Der Komponist und Sänger Christoph Bernhard schrieb dazu um 1657:

> »Nachdem es nicht genug den Tittul eines Sängers zu erhalten, daß man fertig alles was vorkömt, weg singet, sondern auch benebenst der guten Stimme eine künstliche Art, welche man insgemein die Manier nennet, erfordert wird, also ist nötig zu erlernen, welche denn diejenige Kunststücke sind, welche ein Singer beobachtend und anbringend eines Sängers Nahmen verdienet.«[1]

Das Absingen der Noten war für den Musiker eine Selbstverständlichkeit, und Johann Mattheson bemerkte 1739:

---

[1] Von der Singe-Kunst oder Manier, zitiert aus Joseph Müller-Blattau: Die Kompositionslehre Heinrich Schützens in der Fassung seines Schülers Christoph Bernhard, Kassel 1963, S. 31 Absatz 1

»richtig nach vorgeschriebenen Noten und Tacte zu singen, das gehöret in die niedrigsten Schulen«.[2]

Bei der improvisatorischen Kunst der melodischen Auszierung kommt es aber »*nicht bloß auf Regeln, sondern vielmehr auf den Gebrauch, auf grosse Uibung und Erfahrung*« an. (§ 18, S. 112).

Ein wesentlicher Teil der Sängerausbildung vom 16. bis 19. Jh. bestand in einer Schulung des Variationsvermögens bis hin zum virtuosen Passagien- bzw. Koloraturen-Gesang. Nach der italienischen Gesangschule Pier Francesco Tosis 1723 unterscheidet sich der gute vom mittelmäßigen Sänger unter anderem auch darin, daß er sich auf die Auszierungen versteht, die allerdings nicht zum virtuosen Selbstzweck werden dürfen, sondern die Wirkung der Wort-Ton-Komposition verstärken sollen.

»Ob die Passagien gleich, in sich selbst, nicht die Kraft haben diejenige Anmuth hervor zu bringen, welche das Herz rühret; indem sie vornehmlich nur dazu dienen, daß sie an einem Sänger das Glück einer biegsamen Stimme bewundern machen: so ist es doch höchstnöthig, daß der Meister seinen Schüler wohl darinn unterrichte; damit dieser sie mit Leichtigkeit, Geschwindigkeit, und richtiger Intonation ausführen lerne. Denn wenn sie am gehörigen Orte gut vorgetragen werden; so verdienen sie allerdings Beyfall, und machen daß der Sänger allgemein, und in allen Setzarten zu singen fähig wird.«[3]

Die Kunst der rhythmisch-melodischen Auszierung war für jeden geschulten Sänger bis zur Mitte des 19. Jh. eine selbstverständliche Praxis, für die immer wieder Regeln entworfen wurden, um sie dem jeweils herrschenden Geschmack anzupassen. Schon im 17. Jh. aber plädierten vor allem französische Gesangstheoretiker und Komponisten — denen

[2] Der vollkommene Capellmeister, 2. Teil, 3. Haupt-Stück: Von der Kunst zierlich zu singen und zu spielen, Hamburg 1739, § 5, S. 110

[3] Opinioni de' Cantori antichi e moderni o sieno Osservazioni sopra il canto figurato, zitiert nach der deutschen Übersetzung von Johann Friedrich Agricola: Anleitung zur Singkunst, Berlin 1757, S. 123

sich im 18 Jh. auch deutsche anschlossen — für eine stärkere Reglementierung der improvisatorischen Freiheiten. In Italien dagegen dominierte noch lange die freie Koloratur, und erst Gioacchino Rossini begann um 1815, die virtuosen Passagen seiner Opern genau auszuarbeiten.

Vor allem deutsche Autoren versuchten, den Sinn der Sänger auch für dynamische Schattierungen zu wecken. In Johann Matthesons »Vollkommenem Capellmeister« heißt es:

»denn die Grade der Schwäche und Stärcke menschlicher Stimmen sind unzehlich, und je mehr einer davon zu finden oder zu treffen weiß, je mehrerley Wirckungen wird er auch in den Gemüthern seiner Zuhörer zu Wege bringen: welches einem jeden, als eine unumstößliche Wahrheit, natürlicher Weise begreifflich seyn wird.« (2. Teil, 1. Haupt-Stück: Von der Untersuchung und Pflege menschlicher Stimme, § 20, S. 97)

Der »Vortrag« eines Musikstückes ist schließlich im ausgehenden 18. Jh. nach den Vorstellungen des Komponisten Johann Abraham Peter Schulz nicht mehr primär durch melodische Veränderungen gekennzeichnet, sondern wirkt erst voll in einer Ausführung, die den musikalischen Ausdruck, auf den sich die Struktur des Musiktextes bezieht, in den Mittelpunkt rückt.

»Nur der Ausdruk giebt dem Vortrag erst das wahre Leben, und macht das Stük zu dem, was es seyn soll ...

Worin besteht aber der Ausdruk im Vortrage? Er besteht in der vollkommenen Darstellung des Charakters und Ausdruks des Stüks. Sowol das Ganze als jeder Theil desselben, muß gerade in dem Ton, in dem Geist, dem Affect und in demselben Schatten und Licht, worin der Tonsetzer es gedacht und gesetzt hat, vorgetragen werden ... Jedes gute Tonstük hat seinen eigenen Charakter, und seinen eigenen Geist und Ausdruk, der sich auf alle Theile desselben verbreitet; diese muß der Sänger oder Spieler so genau in seinen Vortrag übertragen, daß er gleichsam aus der Seele des Tonsetzers spiele ... Daher ist sowol dem Sänger als Spieler in Absicht auf den Ausdruk des Vortrags nothwendig, daß er außer der Fertigkeit und einem richtigen Gefühl eine hinlängliche Geläufigkeit in der musikalischen Sprache selbst habe, nämlich, daß er nicht allein Noten, Phrasen und Perioden fertig lese, sondern den Sinn derselben verstehe, den Ausdruk, der in ihnen liegt, fühle, ihre Beziehung auf einander und auf das Ganze bemerke; und daß er das eigenthümliche des Charakters des Tonstüks schon aus der Erfahrung kenne.«[4]

Musik erscheint hier als Organismus, in dem alle Teile untereinander in Beziehung stehen und ein Ganzes bilden. Dieses in sich geschlossene »Werk« aber bedarf nicht der Veränderung, sondern der Deutung. Bis zur Mitte des 19. Jh. hatte eine werkbezogene Interpretation die alte Auszierungs- und Vortragspraxis weitgehend abgelöst, obwohl die Bezeichnung »Interpretation« erst gegen Ende des 19. Jh. aufkam.

Bereits die Autoren im frühen 17. Jh. neigten dazu, den Ziergesang zugunsten einer expressiven Textdeutung einzuschränken, was völlig dem musikalischen Gefüge der Monodie entspricht. Der Text und die ihn nachzeichnende Musik bilden eine Einheit, die nicht durch willkürliche virtuose Zusätze des Sängers gestört werden darf. Giulio Caccini, dessen Vorrede zur »Nuove Musiche« von 1602 dieses zentrale Anliegen der neuen Kompositionspraxis verbreitete, verlangte vom Sänger primär die Auseinandersetzung mit der Dichtung. Erst nach deren eingehendem Studium wird er fähig, den Sinn der Worte auch musikalisch zu realisieren. Die melodische Verzierungskunst gehört zwar zum guten Sänger, darf aber nicht Selbstzweck sein — wie vielfach im 16. Jh. —, sondern muß sich ausdrucksvoll als Illustration der dichterischen Stimmung auf den Text beziehen. Die virtuosen Auszierungen sollen niemals das Verstehen der Worte behindern, kommen aber als Symbol leidenschaftlichen Überschwangs an Stellen zur Wirkung, die über das sprachlich zu Fassende hinausweisen.

Obwohl das Ornamentieren einer vom Komponisten vorgegebenen melodischen Linie grundsätzlich improvisatori-

---

[4] Artikel »Vortrag« in: Johann Georg Sulzer, Allgemeine Theorie der Schönen Künste, Teil IV, zitiert nach der 2. verbesserten Auflage Leipzig 1779, S. 423/24

sche Kunst war, wurden Regeln aufgestellt, die garantieren sollten, daß der Kern des Werkes erhalten blieb. Das Können des Sängers verhalf der Komposition damit zu ständig neuer Frische.

Den Kunstgesang der alten kontrapunktischen Praxis des 16. Jh. beschrieb im 66. Kapitel des ersten Buches seiner »Prattica di musica« 1596 (in erster Auflage 1592) der Figuralsänger Lodovico Zacconi. Im mehrstimmigen Satz konnten natürlich nicht alle Solosänger gleichzeitig melodische Veränderungen anbringen, sondern sie hatten sich abzuwechseln, wobei, nach Zacconi, dem Sopran mehr Ausschmückungen zu gestatten sind als dem Baß. Die Kehlfertigkeit, d.h. das Vermögen, eine Melodie in kleine Notenwerte aufzulösen, sie zu kolorieren, bezeichnete er als »Gorgia«. Bei der Koloratur sollen die Töne voneinander getrennt, jeder mit einem eigenen kleinen Akzent, gesungen werden und wenn man sie nicht gut ausführen kann ist es besser, diese schnellen Notenbewegungen, »passaggi« genannt, wegzulassen. Nur ein großer Könner darf es wagen, sich von den vorgegebenen Hauptnoten weiter zu entfernen. Eine Komposition soll nicht mit Auszierungen begonnen werden, und am Schluß ist größere Virtuosität nur gestattet, wenn die Mitte dieser Tendenz bereits entsprach. Bevorzugter Ort der »passaggi« sind die Kadenzen, vor allem bei freudiger affektiver Grundstimmung.

Trotz aller Einschränkungen ist der Sänger aber grundsätzlich verpflichtet, die vom Komponisten skizzierte Melodie der Wortbedeutung gemäß durch improvisatorische Ausweitung zu vervollständigen. Darüberhinaus wurde von ihm ein »Contrapunto alla mente« verlangt, die Fähigkeit, aus dem Stegreif zu einem gegebenen Tonsatz eine kontrapunktische Stimme nach den Regeln zu singen.

Die Kunst des Diminuierens, des improvisatorischen Zerlegens einer melodischen Linie in kleinere Notenwerte, aber beibehaltenem Bewegungsfluß, stand vor allem bei den Sängern des Madrigals in hoher Blüte. Hin und wieder veröffentlichten sie auch eigene Auszierungen. So ist die Canzone »Alla dolc' ombra« des Komponisten Cipriano de Rore auf einen Text von Petrarca aus dem Jahre 1550 in einer diminuierten Fassung des Girolamo dalla Casa aus dem Jahr 1584 überliefert.

(Folgender Vergleich beider Fassungen ist übernommen aus Hellmuth Christian Wolff: Originale Gesangsimprovisationen des 16. bis 18. Jh., (Das Musikwerk Bd. 41), Köln 1972, S. 28)

Cipriano de Rore (1516-1565)

Canzone »Alla dolc' ombra«   (Petrarca) (1550)

Im Vergleich des Anfangs der Komposition mit der verzierten Version werden die Prinzipien deutlich, die Sänger während der musikalischen Veränderung beherzigten: Die diminuierenden Stimmen wechseln konsequent ab, sie lösen größere Notenwerte in kleinere auf, umspielen Töne oder füllen durch Läufe den Raum von Intervallen. Koloriert wird von Silbe zu Silbe, so daß in das ursprünglich syllabische Satzbild Melismatik Einzug hält.

Grundsätzlich wurde sowohl im 16. Jh. in den Lehrbüchern, die sich an den Figural- bzw. Kammersänger wandten, wie auch im 17. und 18. Jh. in Vorworten und Gesangschulen, die vor allem an den Opernsänger gerichtet waren, die Unterscheidung getroffen zwischen den kleinen Ausschmückungen einer Melodie bis zu vier oder fünf Tönen, oftmals »accenti« genannt, zu denen auch der Triller zählte, und freien, variativen Auszierungen, den »passaggi«.

Im Vorwort zu seinem geistlichen Drama »Rappresentazione di Anima e di Corpo« 1600, einer frühen theoretischen Äußerung über den neuen Gesangstil, verbot Emilio de' Cavalieri die Anwendung der »passaggi« überhaupt, weil sie nicht mit richtiger Textdeklamation zu vereinbaren seien und die vom Komponisten festgelegte affektive Aussage verunklaren könnten. Stattdessen forderte er expressives Singen mit dynamischen Abstufungen aus der Tiefe der Dichtung heraus. Das Verbot bezog sich nicht auf die »accenti« und den Triller, für die er als erster Symbole in den Notentext einfügte.

Die gleiche Ansicht vertrat Lodovico Viadana, der 1602 mit seinen »Cento concerti ecclesiastici« den neuen monodischen Stil in die Kirchenmusik einführte. In der Einleitung dazu gestattete er den Sängern nur kleine freie Ornamentierungen, ansonsten sollten sie mit Empfindung singen. Allenfalls an den Schluß-Kadenzen sind »passaggi« zur Steigerung der Final-Wirkung noch erwünscht.

Caccini ging dagegen 1602 mit ihnen etwas freier um. Er sprach sich zwar gegen »passaggi« aus, die nur als Ohrenkitzel dienten, sie waren zu sehr der affektgeladenen kompositorischen Anlage entgegengesetzt, erlaubte sie aber durchaus an passenden Stellen und vor allem auch an den Schluß-Kadenzen. Wichtiger als Virtuosität ist ihm eine nuancierte Wiedergabe des in die Komposition gebannten Empfindungsgehaltes.

Die beliebten dynamischen Nuancierungen der Zeit basierten auf der Möglichkeit, die Stimme vom Piano zum Forte anschwellen und umgekehrt auch wieder abschwellen zu lassen. Im Zentrum steht der Begriff »Messa di voce«, wobei das Zu- und Abnehmen der Lautstärke über einem langen

Ton oder über einem größeren melodischen Abschnitt stattfinden kann: p < f > p. Die Stimme strebt dynamisch auf
den Texthöhepunkt des Abschnitts zu und geht danach wieder zurück. So wird sie zum Mittel einer auch musikalischen
Sinn stiftenden Phrasierung. Davon abgeleitet ist der »Esclamazio languida« p < f > p < an besonders aus-
drucksstark leidenden Stellen und der »Esclamazio viva«
ff > p < als Möglichkeit, einem energischen Affekt
stimmlichen Ausdruck zu verleihen.
Weitreichende Differenzen gab es um 1600 darüber, was ein
»trillo« sei. Während Cavalieri mit diesem Ausdruck den
schnellen Wechsel zweier benachbarter Töne vorschrieb —
also den Tonhöhentriller —,

benutzte Caccini den gleichen Namen für eine schneller
werdende Tonwiederholung (vor allem vor der Schlußnote).

Er meinte damit wohl ein kontrolliert intensiviertes Vibrato
vom schwingenden Zwerchfell aus, ohne den Ton abreißen
zu lassen. Dieses ausdrucksvolle Beben der Stimme hatte
Zacconi bereits beschrieben und es als die Tür bezeichnet,
um zur kunstvollen Ausführung der »passaggi« zu gelangen.
(Koloraturensingen und Beben auf einem Ton setzen beide
ein elastisch schwingendes Zwerchfell als Basis der Luftsäule voraus). Im Gegensatz zu Caccinis Bezeichnung bürgerte
sich bis zum Beginn des 18. Jh. für diese Art der Tonmodifi-
zierung der Name »tremolo« ein.
In Frankreich heißt diese Form »Balancement« oder »Flat-
té«, und die Ausführung geschieht nach der Schule von
Bénigne de Bacilly 1668 sehr fein, so daß man die Wiederholung der Note kaum merkt. Die Form des Trillers als Se-

kundbewegung — allerdings im Gegensatz zu Cavalieris »trillo« mit der oberen Nebennote beginnend und mit Nachschlag — heißt »Tremblement« oder »Cadence«.

Die deutschen Autoren des 17. Jh., beginnend mit dem 9. Kapitel der Syntagma musicum III von 1619, in dem Michael Praetorius über die neue italienische Manier berichtet, schlossen sich Caccini an und verstehen unter »trillo« die Bebung auf einem Ton, unter »tremolo« den Tonhöhentriller. Den Wechsel in der Bezeichnung vollzog 1739 Johann Mattheson in seinem »Vollkommenen Capellmeister«:

»Der Tremolo oder das Beben der Stimme ist ... die allergelindeste Schwebung auf einem eintzigen festgesetzten Ton.« (§ 27, S. 114)

Er versucht zwar, die Ausführung näher zu beschreiben, kommt damit aber nicht sehr weit:

»Man kan wol andeuten, an welchem Orte ein solches Zittern oder Schweben geschehen soll, aber wie es eigentlich damit zugehe, kan weder Feder noch Circkel zeigen: das Ohr muß es lehren.« (§ 29, S. 114)

Dann unterscheidet Mattheson den »tremolo« vom »trillo«:

»Man muß also den Tremolo im geringsten nicht mit dem Trillo und Trilletto vermischen: wie fast alle alte Lehrer in ihren Schrifften gethan haben: denn die letztgenannten Zierrathen bestehen in einem scharffen und deutlichen Schlagen zweener zusammenliegender oder benachbarter, und mit einander auf das hurtigste unverwechselnder Klänge; wie denn auch das Trillo von dem Trilletto sonst in keinem Stücke unterschieden ist, als in der Länge und Kürtze ihrer Dauer, die bey dem letzten nur sehr klein ist.«[5]

Als »tremolo« hielt sich das Beben der Stimme noch bis ins 19. Jh. hinein an besonders expressiven Stellen. Ausführlich wurde es 1860 von Christian Gottfried Nehrlich in seinem Buch »Die Gesangkunst« dargestellt:

---

[5] § 30, S. 114. Mattheson spielt hier vor allem auf eine bedeutsame Schrift von Wolfgang Caspar Printz: ... manierliche und zierliche Sing-Kunst, Schweidnitz 1678, an, in der die Begriffe noch vertauscht waren.

»Das Beben des Tons (il tremolare del tuono, gewöhnlich bloss tremolo genannt) besteht darin, dass man einen Ton mit Sicherheit ergreift, ihn hinsichtlich der Vermehrung seiner Schallwellen immermehr antreibt und so mit allem Klange der Stimme eine Stärke gibt, deren ein edelgebildeter Ton nur fähig ist. Schon bei dem Antreiben wird durch das zu schnelle Wachsen und Drängen der Schallwellen ein Vibriren oder Erzittern des Tons eintreten, welches allmählig zum höchsten forte sich steigert und von da zum piano zurück, mit den abnehmenden Schwingungen des Tons, wieder schwächer wird.

Wo man eine solche Ergiebigkeit der Stimme als Naturgabe antrifft, achte man ja bei der Stimmbildung darauf, dass dieses Erbeben des Tons nicht an unpassenden Stellen oder, wie es so oft der Fall ist, bei jedem Tone auftritt, denn auch diese Stimmen müssen, wie jede andere, an einen gleichmässig hervorquellenden Ton gewöhnt werden. Dieses Beben des Tons können durch Studium auch diejenigen sich aneignen, denen es nicht gleich Anfangs als freies Geschenk der Natur zu Gebote stand.

Diese Bebung in der Stimme ist aber hauptsächlich Sache der Gefühlsstärke und kann von Jedem, der eine Messa di voce mit grossem Tone auszuziehen vermag, sogleich gebildet werden, sobald er im Besitz einer frei gebildeten Stimme vermöge einer glücklichen Phantasie sich so in den Charakter des Stücks versetzt, dass gleichsam alle seine Muskeln von innerer Erregung und dem Drange des Verlangens angespannt, in geringerm oder stärkerm Vibriren mit dem Streben des Athems und dem festen Blick des Auges in harmonischem Verhältnisse stehen. Schon durch die Spannung des ganzen Körpers, mehr aber noch durch den Drang der Gefühlsenergie und des Athems, wird der Ton in ein Erbeben versetzt, was in geeigneten Stellen die höchsten Effecte hervorbringt; denn bei Zeichnung von Gefühlen eignet es sich ebenso für Verlangen und Sehnsucht, als für die Aufregung im höchsten Zorn.« (S. 319/20)

Obwohl von Zacconi bis Nehrlich die Ausführung des »tremolo« sicherlich mancherlei geschmacklichen Modifikationen unterworfen war, scheint der Kern, das auf einem verstärkten Intensitätsvibrato beruhende Beben der Stimme, doch in allen Äußerungen durch. (Der Tonhöhentriller läßt sich dagegen aus einem intensivierten Tonhöhenvibrato entwickeln).

Häufige Anwendung findet bezeichnenderweise der »tremolo« bei einer so ausdrucksstarken Komposition wie der Klage des Orfeo in Claudio Monteverdis gleichnamigem »Dramma per musica« von 1607. Es ist eine Schlüsselstelle des Werkes, in der Orfeo mit seinem Klagegesang versucht,

Charon, den Fährmann zum Reich der Schatten, zu bewegen, ihn, den Lebenden, überzusetzen, was dieser kategorisch ablehnt. Doch Charon schläft ein und es gelingt Orfeo, ans andere Ufer zu seiner verstorbenen Euridice zu gelangen. Von dieser Szene existieren zwei Versionen, eine unverzierte und eine von Monteverdi selbst ausgearbeitete Fassung. Das Außergewöhnliche der Situation rechtfertigte eine starke Kolorierung mit besonderer Bevorzugung der Bebung, die als rasche Tonwiederholung notiert ist.

(Beide Fassungen der »Klage des Orfeo«, woraus auch der folgende Singstimmenanfang entnommen ist, sind abgedruckt in Hellmuth Christian Wolff: Die Oper I, (Das Musikwerk Bd. 38), Köln 1971, S. 32-37)

Die deutschen Autoren im 17. Jh. glichen sich in Fragen der Auszierungen vor allem der italienischen Praxis an. Bedeutsam für die Kirchenmusik ist besonders die kleine Abhandlung des Heinrich Schütz Schülers Christoph Bernhard »Von der Singe-Kunst oder Manier«, die wahrscheinlich nach seiner zweiten Italienreise 1657, auf der er mit Giacomo Carissimi zusammentraf, entstanden ist. Bernhard berichtet von den verschiedenen Möglichkeiten der Auszierung im Kunstgesang, den »Manieren«, die in Italien üblich sind. Er unterscheidet zwei Gruppen: »*Eine bey den Noten bleibend, die andere dieselben verändernd*«. (Zitiert nach Müller-Blattau 1963, S. 31, Abs. 2). »Bey den Noten bleibend« bedeutet hier — wie immer im 17. und 18. Jh. —, nur kleine Veränderungen anbringen zu dürfen. Der schlichte, rein

125

musikalische Ziergesang — wohl vor allem in der italienischen Kirchenmusik angewandt — heißt »Cantar sodo« oder nach seinem Herkunftsort »Cantar alla Romana«. Wird der Text stärker beachtet — wie in den weltlichen Monodien — ist die Bezeichnung dieser Singweise »Cantar d' affetto« bzw. »alla Napolitana«. Das Singen mit größeren Veränderungen des Notengerüstes nennen die Italiener nach Bernhard »Cantar passaggiato« oder »alla Lombarda«. Eines der »Kunststücke« des musikalisch schlichten Gesanges ist die Anwendung der »Messa di voce« entweder auf langen Tönen oder auf Melodieabschnitten, wobei allerdings darauf zu achten ist,

»daß man nicht plötzlich aus dem piano ins forte [und aus diesen wieder auf jenes] fallen, sondern allmählich die Stimme wachsen und abnehmen lassen müsse, sonst würde dasjenige, welches ein Kunststück seyn sollen, recht abscheulich lauten.« (S. 32, Abs. 10)

Ein Melodieabschnitt kann, wenn es der musikalische Ausdruck erfordert, auch einmal im Forte beginnen, er muß aber stets im Piano enden. Was Bernhard hier andeutet ist eine melodische Phrasierungslehre auf der Grundlage dynamischer Schattierungsmöglichkeiten der Singstimme.
Eine »Zierde« im Singen war nach Bernhard auch der »Accento«, ein leichtes Crescendo am Ende einer Note, die auf eine lange Silbe fiel.

»Es wird aber gebrauchet, einmal bei herabsteigenden 2) nebeneinander in einer Clave stehenden, 3) endigenden Noten.« (S. 33, Abs. 16)

Dieser Nachdruck sollte wohl als spannungsvoller Übergang von einem Ton in den anderen das Legato in der Melodieführung sichern, bzw. die Atempause am Ende eines Abschnitts überbrücken.
Danach könnte der Anfang der Singstimme aus den »Symphoniae Sacrae I« (Nr. 13) von Heinrich Schütz »Fili mi, Absalon« folgendermaßen dynamisch strukturiert werden:

Fi - li mi, fi - li mi, fi - li
mi, fi - li mi, Ab - sa - lon

Die Klage Davids über den Tod seines Sohnes beginnt dumpf im Piano und steigert sich mit mehrfachem »fili mi« zum Forte des melodischen Höhepunktes. Bei der Abwärtsbewegung des letzten »fili mi« tritt ein »Accento« auf, um die Spannung bis »Absalon« zu halten. Auf »Absalon« selbst geht die Dynamik vom Forte zum Piano zurück, allerdings mit einem ausdrucksvollen »Accento« auf dem Schlußton, der die folgende Pause überbrückt. (Diese dynamische Anlage entspricht der »Esclamazio languida«).

Als »trillo« bezeichnet Bernhard — ganz im Sinne Caccinis — das Beben der Stimme und hält seine Ausführung für

»das allerschwerste, aber auch zierlichste Kunststück, und kann keiner vor einen guten Sänger geachtet werden, der dasselbe nicht weiß zu gebrauchen: wiewohl aber unmöglich, es mit Worten also abzumahlen, daß es einer daraus erlernen solte, und mehr aus dem Gehör muß erlernet werden.« (S. 32, Abs. 12)

Am besten ist es, den »trillo« mit der Brust zu schlagen (ihn also durch den Atem zu akzentuieren):

»Vor allen Dingen aber ist genau Achtung darauf zu haben, daß man im Trill schlagen die Stimme nicht verändere, damit nicht ein Gemäcker daraus werde... Darneben soll man es auch nicht gar zu geschwinde schlagen, sondern die Stimme gleichsam nur schweben lassen, doch auch nicht gar zu langsam, und wenn ja eines von beyden zu wehlen, so wollt ich lieber ein etwas geschwindes, als gar langsames hören, wiewohl das Mittel zu treffen das beste sein wird.« (S. 32/33, Abs. 12)

(Die Ausführung des Caccini-Trillers hat also auch nach Bernhard mit der heute vielfach üblichen abgerissenen Staccato-Tonwiederholung nichts zu tun).

Der »trillo« wird angebracht, wo sein Zeichen t über den Noten steht, sonst nur mit Bedacht und gutem Geschmack:

»Doch ist wohl zu mercken, daß es nicht gar zu oft gemacht werde, und geht es hie, wie mit denen Gewürtzen, welche, wenn sie mäßig gebraucht werden, die Speiße anmuthig machen, auch dieselbe, wenn man zu viel dran tut, wohl gar verderben können.« (S. 33, Abs. 13)

Bernhard beschreibt schon die Möglichkeit — wie 200 Jahre später Nehrlich —, den »trillo« auf langen Tönen vom Piano bis zum Forte anwachsen zu lassen, was *sehr anmuthig zu hören* sei. Er kann auch — beispielsweise um eine Echowirkung zu erzielen — verdoppelt werden. Dann muß man ihn nach der Hälfte der Note nochmals mit veränderter Lautstärke anschlagen.

Etwa (mit Vor- und Nachschlag):

Den Triller als Wechsel zweier benachbarter Töne nennt Bernhard »ardire« und beschreibt ihn als

»ein Tremol[o], welches bey der letzten Note einer Clausul gemacht wird ... Es ist aber wohl zu behalten, daß mans über der letzten Note eines Stücks, welche man die Final Note nennet, durchaus nicht gebrauchen soll.« (S. 36, Abs. 25)

Die Stelle, an der ein Tonhöhentriller stehen soll, wird bezeichnenderweise mit dem Erhöhungszeichen # angezeigt. Ansonsten ist das »tremolo« beim Singen strikt zu vermeiden, und Bernhard verweist auf alte, abgesungene Sänger, die nicht mehr fähig sind, einen Ton zu halten, deren Stimme wackelt, was

»nicht als eine Kunst angebracht wird, sondern sich selbst einschleichet, weil selbige nicht mehr die Stimme festzuhalten vermögen. Wer aber mehr Zeugniß begehret vom Übelstande des tremulo, der höre einen alten tremulirenden zu, wenn selbiger alleine singet; so wird er urteilen können, warum das Tremulum von den vornehmsten Sängern nicht gebraucht wird, es sey denn in ardire.« (S. 31/32, Abs. 7)

Grundsätzlich verlangt Bernhard beim Singen das »*fermo oder Festhalten der Stimme*« (womit allerdings nicht ein starrer, vibratoloser Ton gemeint ist, sondern nur einer, der nicht unkontrolliert wackelt, d.h. »tremuliert«).

Christoph Bernhards Abhandlung über die »Singe-Kunst« zeigte zuerst die Möglichkeiten für einen nuancierten, dem musikalischen Ausdruck dienenden stimmlichen Einsatz auf. Die melodische Linie sollte vom Sänger überaus sensibel, unter Ausnutzung seiner dynamischen Schattierungsmöglichkeiten nachvollzogen und damit gestaltet werden. Diese Kunst des musikalischen Vortrags gilt für »*alle und jede Musici, so wohl Sänger als Instrumentisten*«. (S. 36, Abs. 25).

Zu den musikalischen Feinheiten zählten auch verschiedene kleine rhythmische und melodische Veränderungen, die Töne miteinander zu verbinden hatten. Was Bernhard »Anticipatione della Syllaba« nennt, das Singen einer Silbe knapp vor ihrer eigentlichen Zeit auf anderer Tonhöhe mit starker Bindung zur Hauptnote, ist im wesentlichen seit dem 18. Jh. als kurzer Vorschlag geläufig. Häufig wird diese Manier vor einem Sekundanstieg angewandt. Der 109. Takt etwa aus »Fili mi, Absalon« von Heinrich Schütz läßt diese Ausführung zu:

Original

Quis mi - hi tri - bu - at

Ausführung

Quis   mi - hi tri - bu - at

Eine Variante davon bezeichnet Bernhard als »Cercar della nota«. Hier gleitet man von der oberen oder unteren Nebennote schnell in die Hauptnote hinein.

»Anticipatione della nota« heißt dagegen die Vorwegnahme eines Tones auf der vorhergehenden Silbe, wenn die Melodie eine Sekunde auf- oder absteigt. Im 66. Takt des »Kleinen geistlichen Konzertes: Ich liege und schlafe« von Schütz lockert dieses »Kunststück« die melodische Linie auf und bewirkt eine Intensivierung des Ausdrucks.

Original

bei dem Her - ren fin - det man Hil - fe

Ausführung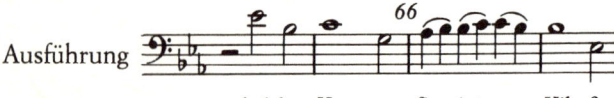

bei dem Her - ren fin - det man Hil - fe

Die andere schlichte Manier »Cantar alla Napolitana oder d' affetto« unterscheidet sich vom »Cantar sodo« durch die zusätzliche Beachtung des Textausdrucks.

»Sie bestehet aber darinnen, daß der Sänger fleißig den Text beobachtet und nach Anleitung [desselbigen] die Stimme moderirt.
Solches geschieht auf zweyerley Weiße, einmahl in Beobachtung der blosen Worte, zum andren in Anmerckung ihres Verstandes.
Das erste bestehet in rechter Aussprache der Worte, die er singend fürbringen soll, dannenhero ein Sänger nicht schnarren, lispeln, oder sonst ein böße Ausrede haben, sondern sich einer zierlichen und untadelhaften Aussprache befleißen soll..., absonderlich soll ein Sänger die Vocales nicht miteinander verwechseln; sondern denselben ihren natürlichen Laut geben, daß er nicht a wie o, und o wie a, e wie i und so fort ausspreche.

Das andre ist der Verstand der Wortte, [und] ist noch viel nothwendiger, alß das Vorige...

Aus den verstandenen Worten sind die affecten abzunehmen, so darinnen fürkommen, die vornehmsten affecten aber, so man in der Musica repraesentiren kann, sind Freude, Traurigkeit, Zorn, Sanftmuth und dergleichen. In Freude, Zorn und dergleichen heftigen affecten, muß die Stimme starck, muthig und herzhaftig seyn, die Noten nicht sonderlich geschleift, sondern mehrentheils wie sie stehen, gesungen werden...

Hingegen bey traurigen, sanftmüthigen, und solchen Worten ist besser, daß man gelindere Stimme gebrauche, die Noten ziehe und schleife, oft die je gedachten Kunststücke der Manier anbringe...

Hier fragt sichs, ob ein Sänger auch die im Texte befindlichen affecten mit dem Gesichte und Geberden darstellen solle? So ist zu wissen, daß ein Sänger fein sittsam, und ohne alle Minen singen soll, denn nichts Verdrießlicheres, alß daß etliche Sänger sich besser hören alß sehen lassen, indem sie, wenn sie gleich einem Zuhörer mit guter Stimme und Manier zu singen eine Lust machen, dieselbige dennoch mit heßlichen Minen und Geberden verderben.« (S. 36/37, Abs. 27-34)

Bernhards Abneigung gegen »Minen und Geberden« beim Singen bezieht sich allerdings nur auf die Kirchenmusik, nicht aufs Theater, und der Sänger soll sich

»dieselbe[n] spahren, biß er eine Person in einer singenden Comoedi[e] wird auf sich nehmen wollen, bey welcher Gelegenheit sie ihm besser anstehen werden, ja auch gar nöthig seyn.« (S. 37, Abs. 34)

»Cantar sodo« und »Cantar d'affetto« sind zwei sich ergänzende Möglichkeiten des guten Vortrags, wobei einmal das musikalische, ein andermal das textliche Element im Vordergrund steht.

Im Gegensatz dazu ist

»die Manier des Cantar Passagiato [oder alla Lombarda] (...) ein[e] Art zu singen, in welcher man nicht bei den angetroffenen Noten verbleibt, sondern dieselben verändert, und geschieht entweder per Diminutionem, oder [durch] Coloraturen.« (S. 37, Abs. 35)

Beim Diminuieren werden längere Notenwerte — unter strenger Beachtung des Taktes — in kleinere aufgelöst. Man soll mit dieser Kunst nach Bernhard allerdings sparsam umgehen,

»denn es fast närrisch steht, daß man nichts anders alß nur stetes Passaggiren hören lasse, sondern es soll auch diese Manier wie das Saltz und Gewürtze gebraucht werden.« (S. 38, Abs. 37)

Die Koloraturen binden sich nicht so sehr an den Takt, sondern weiten die Kompostion, als freie Kadenz, aus,

»doch ist zu observiren, daß solche nur in denen Haupt-Finalen, und nicht zu oft, oder immer auf einerley Arth oder Leyer müssen gemacht werden.« (S. 38, Abs. 38)

Der virtuose Ziergesang als Selbstzweck, wie er etwa seit der Mitte des 17. Jh. in der venezianischen und dann vor allem in der neapolitanischen Oper auftrat, galt also bei Christoph Bernhard und seinem Umkreis als »fast närrisch« und wurde, soweit er über ein »Gewürtze« hinausging, abgelehnt. Auch französische Autoren im 17. Jh. versuchten, die Praxis des freien Auszierens zu reglementieren. Nach Marin Mersenne (»Harmonie universelle«, Paris 1636) beruht der französische Gesang, im Gegensatz zum italienisch exaltierten, auf einer dem Ohr schmeichelnden Süße und muß schon deshalb auf ausschweifende Koloraturen verzichten. Beim damals beliebten kleinen »air de cour«, einem strophenliedartigen Gesang, veränderte man die erste Strophe nur leicht, was Mersenne als »port de voix« bezeichnete, während die zweite, auf die gleiche nun schon bekannte Melodie gesungene Strophe stärker diminuiert werden konnte. »Port de voix« entspricht im 17. Jh. etwa den kleinen rhythmisch-melodischen Verzierungen, die Bernhard als Tonverbindung beschrieben hat. Im 18. Jh. wird die Bedeutung auf »Vorschlag« reduziert, der nach Mattheson »*in Franckreich le port de voix heisset*«. (Der vollkommene Capellmeister § 20, S. 112).

Bénigne de Bacilly versuchte in seiner Gesangschule »Remarques curieuses sur l'art de bien chanter« (Paris 1668) die freien musikalischen Auszierungen mit einer gesteigerten

Textdeklamation zu verbinden. Auch nach ihm soll der Sänger kleine Ornamente sofort einfügen, aber erst bei der melodischen Wiederholung unter Beachtung — und eventuell Verbesserung — der korrekten Betonung diminuieren. Ausschlaggebend ist der gute Geschmack.

An kleinen »airs« konkretisierte Bacilly seine theoretischen Erörterungen, indem er mögliche Veränderungen der zweiten Strophe notierte.

(Das folgende Beispiel »Vous savez donner de l'amour« ist aus Hellmuth Christian Wolff: Originale Gesangsimprovisationen des 16. bis 18. Jh., (Das Musikwerk Bd. 41), Köln 1972, S. 100 entnommen)

Vous savez donner de l'amour

134

Im Gegensatz zu Italien wurde in der französischen Oper kaum diminuiert. Die kleinen Ornamente, nun »agréments« genannt, erschienen seit dem letzten Drittel des 17. Jh. als zusätzliche Symbole im Notentext — eine Notationspraxis, die im 18. Jh. auch von vielen deutschen Komponisten übernommen wurde.[6]

Eine Besonderheit der französischen Musik — die aber auch von den Deutschen übernommen wurde — stellen die »notes inégales« dar. Gleichmäßig notierte, zumeist stufenweise laufende Notenketten werden durch Paarbildungen strukturiert. Dabei ist die erste betonte Note des jeweiligen Paares etwas länger als die zweite unbetonte, ohne daß der Gesamtwert beider Noten sich ändert. Der zeitliche Unter-

---

[6] In diese Richtung zielt die Abhandlung von Jean Rousseau: Méthode claire, certaine et facile, Pour apprendre à chanter la Musique, Paris 1683

schied, d.h. die schwächere oder stärkere Punktierung, richtet sich nach dem jeweiligen Charakter des Stückes und dem Geschmack des Ausführenden.

So kann etwa in der Arie »Ächzen und erbärmlich Weinen« aus der Kantate Nr. 13 »Meine Seufzer, meine Tränen« von Johann Sebastian Bach der Sänger bei seinem Beginn die ersten Achtel der Zweiergruppen mehr oder weniger betonen und dehnen, die zweiten Achtel dagegen dynamisch zurücknehmen und verkürzen.

Ächzen und er - bärm - lich Wei - nen

Das sollte aber nicht gleichförmig geschehen, sondern jeweils dem Text angepaßt, so daß eine exakte Notierung nicht möglich ist.

In der Arie Nr. 19 seiner »Johannes-Passion« schrieb Bach die Längen und Kürzen zwar aus, doch sind sie bei der aufgewühlten Grundstimmung durch Doppelpunktierungen zu verschärfen.

Wo willt du end-lich hin, wo soll ich mich erquik - ken

Dieses rhythmische Prinzip verbindet sich auch besonders gut mit dem Primat der richtigen Textdeklamation, weil lange und kurze Silben musikalisch flexibel umgesetzt werden können. So etwa in der Arie Nr. 58 aus der »Johannes-Passion«.

Der Held aus Ju - da siegt mit Macht

Die deutschen Theoretiker im 18. Jh. bemühten sich, italienische und französische Grundsätze über die rhythmisch-melodische Auszierung miteinander zu verbinden. Für den Gesang wurde vor allem Johann Friedrich Agricola, ein Schüler Johann Sebastian Bachs, wegweisend, der 1757 eine stark kommentierte Übersetzung der Gesangschule des Italieners Pier Francesco Tosi aus dem Jahr 1723 unter dem Titel »Anleitung zur Singkunst« herausbrachte. Agricola übernahm die in seiner Zeit übliche Unterscheidung in »wesentliche Manieren«, die sich von den französischen »agréments« herleiteten, mit der Funktion, Töne zu verbinden sowie den Vortrag zu beleben und »willkürliche Veränderungen«, die den italienischen »passaggi« entsprechen, d.h. spontane Variationen eines Notengerüstes darstellen.

Zuerst beschreibt Agricola, der Anordnung Tosis folgend, die kleinen »wesentlichen Manieren«, die jeder gute Sänger beherrschen muß. Ein häufig benutztes Mittel melodischer Auszierung war der »Vorschlag«, und Agricola bemerkte:

»Die Absicht, weswegen von dem Ausführer einigen Tönen der Melodie Vorschläge vorgesetzt werden, ist entweder: 1) den Gesang desto besser mit einander zu verbinden; oder 2) etwas scheinbar Leeres in der Bewegung des Gesanges auszufüllen; oder 3) die Harmonie noch reicher und mannigfaltiger zu machen; oder endlich 4) dem Gesange mehrere Lebhaftigkeit und Schimmer mitzutheilen.« (S. 59)

Bei der Ausführung ist nötig,

»daß man allezeit die Sylbe, welche zu der Hauptnote, so einen Vorschlag, oder irgend eine andere Auszierung vor sich hat, gehöret, schon auf dem Vorschlage auszusprechen anfangen müsse.« (S. 60)

Außerdem sind zwei verschiedene Typen zu unterscheiden: 1) der kurze »unveränderliche« und 2) der lange »veränderliche« Vorschlag. Die unveränderlichen Vorschläge haben besonders vor kurzen Noten bei raschem Grundtempo ihren Platz,

»weil ihre Absicht hauptsächlich auf die Vermehrung der Lebhaftigkeit, und des Schimmers des Gesanges, gerichtet ist.« (S. 60)

So gesehen müßte der Vorschlag T. 141 in der ersten Arie des Lieschen aus Bachs »Kaffee-Kantate« kurz sein:

ei   wie   schmeckt der Cof - fee   süs - se ___

Um das Wort »süsse« zu unterstreichen ist aber auch eine Ausführung als langer Vorschlag denkbar:

süs - se ___

Je nach dem Charakter des Werkes muß von Fall zu Fall auch entschieden werden, ob der kurze Vorschlag — wie Agricola meint — auf die Zeit der Hauptnote fällt oder — wie andere zeitgenössische Autoren meinen — vor sie. Um seine Absicht, ihn vor der Hauptnote zu bringen, deutlich zu machen, komponiert Bach am Beginn der zweiten Arie des Lieschen den Vorschlag aus:

Eine generelle Regel, ob der kurze Vorschlag vor oder auf die Hauptnote fällt, läßt sich nicht aufstellen, er liegt zumeist irgendwo dazwischen — und ist deshalb auch nicht exakt notierbar.

Unveränderlich, also kurz sind Vorschläge immer, wenn sie vor Triolen stehen — wie in Franz Schuberts Vertonung des Harfner-Gesangs aus Goethes Roman »Wilhelm Meisters Lehrjahre«: »Wer sich der Einsamkeit ergibt«.

Bei den veränderlichen Vorschlägen kann die Dauer nicht von vornherein eindeutig bestimmt werden, sie richtet sich nach dem Wert der folgenden Hauptnote. Im einfachen Fall nehmen sie, auf die Zeit der Hauptnote fallend, die Hälfte ihrer Geltung ein. So etwa im Takt 21 der Arie Nr. 12 aus Bachs »Matthäus-Passion«.

In einem Stück können sich auch kurze und lange Vorschläge abwechseln. Wegen der im 18. Jh. noch uneinheitlichen Schreibweise muß man sich jedesmal — nach den Regeln und dem Geschmack — entscheiden, ob ein unveränderlicher oder ein veränderlicher Vorschlag vom Komponisten gemeint sein kann. Im Takt 49 der Arie Nr. 13 seiner »Johannes-Passion« sieht Bach offensichtlich einen kurzen Vorschlag vor und läßt dann einen langen folgen:

Be - för - dre den Lauf und hö - re nicht auf,

Bei der Textwiederholung variiert Bach: schreibt Sechzehntel aus, wo vorher der Vorschlag stand und läßt diesen dann folgen.

be - för - dre den Lauf und hö - re nicht auf

Eine Punktierung der Hauptnote wirkt sich auf die Dauer der langen Vorschläge aus:

»Steht aber ein Punct hinter der Hauptnote, so nehmen sie die Zeit der ganzen Note ein; und diese wird erst zur Zeit des Punctes angegeben.« (S. 61)

Ähnliche Bedeutung wie der Punkt kann — vor allem »*bey einem schmeichelnden Gesange*« — eine, den Wert des Punktes einnehmende Pause hinter der Hauptnote haben. Die Vorschläge in den Takten 29 und 31 der Arie Nr. 12 aus der »Matthäus-Passion« sollen demnach folgendermaßen ausgeführt werden:

Diese Auflösung langer Vorschläge ist auch noch bei Mozart oder Schubert gültig. Am Schluß der Arie Nr. 15 »In diesen heil'gen Hallen« aus Mozarts »Zauberflöte« nehmen Vorschlag und Hauptnote die rhythmische Bewegung des Vortaktes auf:

Paminas Arie (Nr. 17) pulsiert durch diese Ausführung gleichmäßig:

Bei diesem Beispiel hat die Pause nur noch die Bedeutung einer Atemzäsur vor dem melodischen Ausbruch.

Auch eine angebundene Note wird entsprechend aufgelöst. Hier übernimmt der Vorschlag den Wert der Hauptnote

»und diese tritt erst zur Zeit der daran gebundenen kurzen Note ein«. (S. 62). So in Bachs Arie Nr. 58 T. 23/24 aus der »Matthäus-Passion«:

ster - - ben

Über diese musikalischen Regeln hinausgehend bemerkt Agricola zum Veränderlichen Vorschlag:

» Auch der Ausdruck des Affectes erfordert bisweilen daß der Vorschlag länger als die Hälfte gehalten werde.« (S. 63)

Carl Philipp Emanuel Bach führte in seinem »Versuch über die wahre Art das Clavier zu spielen« (zwei Teile Berlin 1753 und 1762) eine weitere, später häufig auftretende Vorschlagsvariante an: Wird die Hauptnote direkt wiederholt, so fällt dem Vorschlag ihr ganzer Wert zu. In den Takten 15/16 von Franz Schuberts Lied »Die Wetterfahne« aus der »Winterreise« ist die Ausführung eindeutig.

Er hätt - es e - her be - mer - ken sol - len

Mit den angeführten allgemeinen Regeln ist allerdings nicht starr umzugehen, sie müssen mit dem jeweiligen musikalischen Ausdruck in Übereinstimmung gebracht werden. Immer ist aber nach Agricola der Vorschlag an seine ihm folgende Hauptnote eng anzubinden, um der Funktion als melodisches Verbindungsglied gerecht zu werden.

»Soll der Endzweck der besseren Verbindung der Melodie erreichet werden: so muß der Vorschlag an die auf ihn folgende Note so fest angehänget werden, daß nichts Leeres dazwischen bleibt. Folglich müssen alle Vorschläge an die Hauptnoten geschleifet werden.« (S. 64)

Die Vorschläge sind stärker, die Hauptnote schwächer anzugeben, der Grad richtet sich nach der »*Empfindung des Ausführers*«.

»Sind die Vorschläge lang; so müssen sie, so wie jede lange Note eines Gesanges, erst schwächer angefangen, hernach verstärket, und wieder mit der Schwäche an die Hauptnote gezogen werden.« (S. 64)

Stärker werden die Vorschläge auch wegen ihrer harmonisch belebenden dissonanten Funktion gesungen:

»Und da man, den Regeln des guten Geschmackes gemäß, die Noten, bey welchen die Dissonanz eintritt, gemeiniglich stärker angiebt, als die Consonanzen: so liegt auch hierinn ein Theil der Ursachen, warum die Vorschläge stärker angegeben werden als die Hauptnoten, welche in diesem Falle gemeiniglich Consonanzen sind.« (S. 69)

Daß die Komponisten Vorschläge nicht überhaupt genau notierten hat — neben der rhythmischen Instabilität — die dissonante Wirkung auf betonter Zählzeit als Grund. Diese zusätzliche Reizdissonanz, die auch dem Textausdruck dienen konnte, wurde im 17. Jh. den Sängern überlassen, im 18. Jh. ging man dann dazu über, sie durch kleine Noten anzuzeigen.

Von den Vorschlägen sind die »Nachschläge« zu unterscheiden, »*welches gewisse kurze Noten sind, die einer Note nachgeschlagen werden, aber noch in die Zeit derselben gehören*«. (S. 81). Nachschläge sind »*Zierrathen der Ausführung*« und werden selten ausgeschrieben. Sie müssen sehr kurz sein und »*werden alle an die vorhergehende Note angeschleifet*«. (S. 81). Schubert notierte im 34. Takt seines Goethe-Liedes »Wer sich der Einsamkeit ergibt« einen doppelten Nachschlag:

ein - sam   im Gra - be sein

Üblich war es auch, Trillern Nachschläge anzuhängen.

Eine häufig auftretende Variante des kurzen Vorschlags —
und von dem doppelten Nachschlag gut zu unterscheiden
— ist der zumeist stufenweise in die Hauptnote hineinlau-
fende »Schleifer«. Er wird — wie der Vorschlag — an die
Hauptnote gebunden und dient meistens dazu, ein Intervall
zu überbrücken. (Bach verwendet als Symbol für den Schleifer w neben den üblichen beiden kleinen Noten vor der
Hauptnote, so wie er auch für die Vorschläge von oben oder
unten c und u vorschreibt.) Typischen Überbrückungs-
charakter hat der Schleifer am Beginn der Tenorarie aus
Bachs Kantate Nr. 62 »Nun komm, der Heiden Heiland«.

Be - wun - dert

Ausgedehnt wird der Schleifer zur »Tirata«, was nach Mattheson »*eigentlich einen Schuß oder Pfeilwurff... bedeutet, weil
die Stimme... mit Macht herauf oder herunter schiesset«.* (Der vollkommene Capellmeister, § 43, S. 117). Schon Praetorius definierte 1619 »*Tiratae*« als »*lange geschwinde Läufflin/so grada-
tim gemacht werden/und durchs Clavier hinauff oder herunter
lauffen«.* (Syntagma musicum III, S. 236). Er setzte hinzu: »*Je
geschwinder und schärffer nun diese Läufflein gemacht werden/
doch also das man eine jede Noten recht rein hören und fast verne-
men kan: Je besser und anmütiger es sein wird.*«

Im T. 12 des Schlußsatzes seiner Vertonung des 100. Psalms

»Jauchzet dem Herrn, alle Welt« wiederholt Georg Philipp Telemann das vorausgehende »Alleluja« notengetreu. So eine direkte Wiederholung fordert immer zur Veränderung heraus. Hier könnte eine Tirata das leere Quint-Intervall auffüllen.

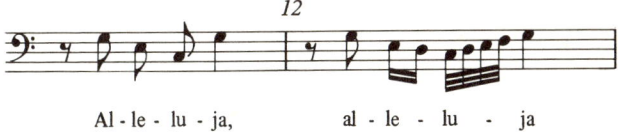

Al - le - lu - ja,   al - le - lu   -   ja

Überbrückt in diesem Sinne die Tirata größere Intervallschritte improvisatorisch, bezeichnet sie den Übergang von den »wesentlichen« zu den »willkürlichen Veränderungen«.

So wesentlich und musikalisch belebend diese Manieren auch für die Ausführung sind, dürfen sie doch nicht zu oft und stereotyp verwendet werden:

»Welch einen Überdruß aber kann man den Zuhörern damit erwecken, wenn man eben diese Manieren, entweder nicht recht ausführet, oder sie am unrechten Orte, oder gar zu oft anbringt!« (Agricola, S. 93)

Durch das Einfügen der kleinen Zeichen in den Notentext und die Reglementierung ihrer Ausführung war dieses Problem einer falsch verstandenen Freiheit — zumindest für den französischen und deutschen Raum — im 18. Jh. weitgehend gelöst worden. Im 19. Jh. wurden die Vortragsanweisungen dann noch genauer.

Zu den kleinen Ornamenten zählt auch der »Triller« (Agricola meint in der Mitte des 18. Jh. damit natürlich den Tonhöhentriller, der mit tr. oder t. angezeigt werden kann). Seine Anwendung ist besonders bei Absätzen und Schlüssen nötig. Er beginnt normalerweise mit der oberen Hilfsnote und hat eventuell einen Nachschlag.

Häufig kommt auch der Pralltriller ∿ vor, der ebenfalls mit der oberen Nebennote beginnt.

Selten tritt beim Gesang der »Mordent« ∿ auf.

Der lange Triller soll die ganze Note ausgehalten werden, und der Nachschlag darf nicht zu früh kommen. Auf kleinerem Notenwert kann der Triller durch den »Doppelschlag« ersetzt werden (auch wenn ein tr. über der Note steht).

Losgelöst von dieser Ersatzfunktion wird der Doppelschlag vor allem seit dem späten 18. Jh. als verbindendes Element zwischen zwei Noten eingeschoben.

Im frühen 18. Jh. war nach Mattheson noch die »Ribattuta« üblich, ein allmählich schneller werdender punktierter Sekundwechsel auf einer sehr langen Note, der sich zum Schluß in einen Triller auflöste.

Telemann bleibt im 17. Takt des »Alleluja« aus seiner Kantate »Jauchzet dem Herrn, alle Welt« auf einem langen Ton stehen:

Hier könnte eine Ribattuta belebend wirken.

Auf langen Noten ist nach Agricola aber auch gut eine »Bebung« — also das intensivierte Vibrato vom Zwerchfell aus — möglich.

»Die Bebung auf einem und eben demselben Tone, welche man auf Bogeninstrumenten durch das Hin- und Herwanken eines Fingers, dessen Spitze aber doch auf dem gegebenen Tone liegen bleibt, und die den Ton weder höher noch tiefer, sondern nur etwas schwebend machet, ist auch eine Manier, die im Singen, besonders auf Haltung langer Noten, zumal wenn man sie erst gegen das Ende dieser Noten anbringt, ihre gute Wirkung thut.« (S. 121/22)

Eine im 16. und 17. Jh. beliebte Variante des Tonhöhentrillers war der »Groppo«, der bei Kadenzen zur Anwendung kam.

Im Gegensatz zum schnelleren »tremolo« müssen bei ihm Haupt- und Nebennote deutlich angesungen werden.
Insgesamt braucht der Sänger aber weniger als der Instrumentalist den vorgegebenen Notentext auszuzieren, weil die Musik bereits durch die Sprache gestützt wird. Besonde-

ren Wert legte demnach Agricola auf einen dynamisch differenzierten Vortrag, der — sich einer Reglementierung entziehend — vom Ausdruck des Textes seinen Ausgang nahm.

»Es ist aber überhaupt nicht möglich alles und jedes Zu- und Abnehmen der Stärke des Tones in mechanische Regeln zu bringen. Vieles hängt immer noch von der Willkühr oder der Empfindung des Ausführers, und besonders von dem im ganzen Stücke herschenden Hauptaffecte ab.« (S. 146)

Vor Übertreibungen — etwa bei der Ausführung der »Messa di voce« auf einem Ton — wird allerdings gewarnt:

»Die zunehmende Stärke und das verlierende Piano sind Zwischenfarben der Ausführung: doch müssen beyde, ohne ganz besondere Ursachen, nicht bis auf den äußersten Grad getrieben werden.« (S. 145)

Im 19. Jh. gingen die Komponisten zu genaueren dynamischen Bezeichnungen über, um die Ausführung der »Willkür« zu entziehen, doch die Nuancen blieben weiterhin dem empfindenden und verstehenden Interpreten überlassen.

Die »willkürlichen Veränderungen« des Notentextes mit Hilfe improvisierter »Passagien« möchte Agricola, im Gegensatz zur herrschenden Praxis, eindämmen.

»Ein richtiger, reinlicher und ausdrückender Vortrag des von dem Componisten vorgeschriebenen Gesanges, bey welchem aber die wesentlichen kleinen Manieren nicht ausgeschlossen seyn dürfen, ist allemal besser, als ausschweifende und übertriebene Veränderungen.« (S. 235)

Ihre Berechtigung haben Veränderungen vor allem bei wiederholten Melodieabschnitten. Bach komponierte eine solche Variation der melodischen Wiederholung am Beginn seiner Kantate Nr. 170 »Vergnügte Ruh, beliebte Seelenlust« vorbildhaft aus:

Ver - gnüg - te Ruh   be - lieb - te See - len-lust

ver - gnüg - te Ruh   be - lieb - te See - len-lust

Ähnlich kann man mit dem nicht ausgearbeiteten Beginn von Telemanns Vertonung des 100. Psalms »Jauchzet dem Herrn, alle Welt« verfahren. Das schlichte Notengerüst

jauchzet, jauchzet dem Herrn

könnte bei seiner Wiederholung etwa belebt werden:

jauch - zet,   jauch - zet   dem   Herrn

Grundsätzlich haben die »willkürlichen Veränderungen« im wiederholten Schlußteil der Da-Capo-Arie ihren Platz. Tosi schreibt dazu:

»Im ersten Theile verlanget man nichts als ganz einfache Auszierungen, welche aber schmackhaft, und ihrer wenig seyn sollen, damit die Arbeit des Verfassers in ihrer natürlichen Schönheit zum Gehör komme. Im andern Theile will man, bey der edeln Einfalt, noch etwas mehr von Auszierungskunst hören: damit ein Verständiger merken könne, daß die Wissenschaft des Sängers einen weitern Umfang habe. Wer endlich beym Wiederholen vom Anfange, nicht alles das, was er vorher gesungen hat, durchs Verändern noch schöner und besser macht, als es aufgeschrieben ist, der ist gewiß kein großer Held.« (Zitiert nach der Übersetzung von Agricola, S. 173/74)

Bezeichnet man das Formschema der Da-Capo-Arie grob mit A-B-A, so muß also der wiederkehrende, nicht ausgeschriebene, sondern nur durch Wiederholungszeichen angegebene Teil A spontan vom Sänger variiert werden.

In seiner »Anweisung zum musikalisch-zierlichen Gesange« Leipzig 1780 führte der Komponist Johann Adam Hiller in Anlehnung an Tosi weiter aus:

»Eine willkührliche Veränderung muß dem Ansehen nach leicht seyn, damit sie jedermann gefallen könne; dem ohngeachtet muß sie im Grunde doch schwer seyn, damit die Einsicht des Sängers und seine Geschicklichkeit im Vortrage daraus ersehen werde... Glücklich, und der größte Meister ist der, der alles mit solcher Leichtigkeit vorträgt, als ob es ihm gar nichts kostete.

Alles, was zur guten Ausführung gehört, muß dabey beachtet werden; vornehmlich darf der Sänger die Declamation der Worte, und den bestimmten Ausdruck der Leidenschaft nicht vernachläßigen...

Die aus wenigen an einander liegenden Noten bestehende Veränderungen sind denen vorzuziehen, die sich in viele weither geholte und ausschweifende Noten verwickeln...

Nur da, wo das Zeitmaaß und die Harmonie es erlauben, kann der Sänger verschiedene Figuren zusammen setzen, und daraus eine sogenannte Passagie formiren. Die besten Gelegenheiten dazu sind immer die melismatischen Dehnungen über einer hervorstechenden Sylbe, deren sich in jeder Arie immer ein Paar finden. Diese muß ein Sänger niemals zweymal auf einerley Art singen, wenn er mehr als ein Schüler seyn will.

Einerley Manieren müssen auch nicht zu nahe oder zu oft auf einander vorkommen, weil sie leicht ekelhaft werden, und Armuth an Erfindung beym Sänger verrathen können.

Mehr die Empfindung als die Kehle muß diese Veränderungen hervorbringen, wenn sie rühren sollen...

Bey dem allen hat ein Sänger darauf zu sehen, daß seine Veränderungen den Sinn des Componisten nicht verstellen, sondern verschönern, nicht undeutlicher, sondern deutlicher machen.

Es ließen sich bey diesen Puncten noch allerley Anmerkungen machen; aber der Sänger muß sich gewöhnen, bey Zeiten selbst zu denken, selbst zu suchen. Er macht alsdann neue Entdeckungen, und erfindet Veränderungen, unter welchen er, mit reifer Ueberlegung, die beste wählt.« (S. 132-134)

Die Gesangstheoretiker des 18. Jh. verzichteten ganz bewußt darauf, Rezepte für die Auszierung zu erstellen und begnügten sich mit allgemeinen Anweisungen. Der Sänger selbst sollte sich produktiv mit dem Notentext auseinandersetzen und zu eigenen Einsichten gelangen. Trotzdem haben verschiedentlich Komponisten eigene Werke vorbildhaft ausgearbeitet, um einen geschmackvollen Weg anzudeuten. So ist von dem Zeitgenossen Bachs und Telemanns Christoph Graupner die ausgezierte Version der Sopranarie »Tobe Welt und Widersacher« aus der Kantate Nr. 32 »Der Gerechte muß viel leiden« erhalten, deren Mittelteil die typischen kleinen rhythmisch-melodischen Abweichungen vom notierten Original aufweist.

(Übernommen aus Hellmuth Christian Wolff: Originale Gesangsimprovisationen des 16. bis 18. Jh., (Das Musikwerk Bd. 41), Köln 1972. Die vollständige Fassung ist dort S. 133-142 abgedruckt).

Die Koloraturen, ob notiert oder improvisiert, wurden im 18. Jh. zumeist »marcato«, d.h. mit dem im Tempo der kleinen Noten schwingenden und sie artikulierenden Zwerchfell gesungen. Agricola bemerkte dazu:

»Durch gedachtes gelinde Aussprechen des Selbstlauters, beym Singen, wobey aber die Zunge keine besondere Bewegung machen darf, wird die zur Passagie nöthige, aus der Lunge heraus getriebene, Luft in so viele kleine Absätze zertheilet, als Noten sind, welche denn dadurch articuliret und deutlich werden.« (S. 124)

Der Sänger muß auf gleichmäßigen Ablauf achten. Zwischen den wiederholten Vokal darf kein »h« geschoben werden. Drastisch schreibt Hiller:

»Er muß z.E. so viele a nach einander geschwind aussprechen, als Noten in der Passagie sind. Doch muß er sich hüten, daß aus dem a kein ha oder ga werde. Diese letzte Art Passagien heraus zu bringen, ist nur den Hühnern erlaubt.« (S. 84)

Daneben kann man schnelle Tonfolgen auch »legato« singen — was besonders seit dem ausgehenden 18. Jh. häufiger auftrat —, doch sollte die Bindung nicht über vier Töne hinausgehen, und auch hier muß jeder Ton deutlich angegeben werden. Hiller, der sich wiederum auf Agricola bezieht, bezeichnet den Ort, an dem das Legato seine Berechtigung hat:

»In langsamen und Pathetischen Arien sind geschleifte und gezogene Veränderungen die schicklichsten, so wie die gestoßenen mehr zum Allegro gehören.« (S. 133)

Das »Schleifen« oder »Portamento« ist im Legato die nicht abreißende, klingende Verbindung von einem zum nächsten Ton. Agricola definiert als »portar la voce« eine Singweise »*mit beständigem, an Stärke zu- und abnehmenden Aushalten, ohne Aufhören und Absetzen, eine Note an die andere schleifen*«. (S. 220). Dieses Hinüberschleifen von einem zum nächsten Ton im Legato muß rasch und mit zurückgenommener Lautstärke auf dem alten Vokal geschehen. Erst mit dem Erreichen der neuen Tonstufe erscheint — vermittelt durch die dazwischengeschalteten Konsonanten — der folgende Vokal. Eine Sonderform ist nach Tosi das Ziehen der Stimme von oben nach unten stufenweise mit ungleicher Bewegung.

Für Tosi muß auch die Koloratur abwechslungsreich gesungen werden, wobei dynamische Schattierungen beachtet werden sollen.

»Man unterlassse nicht dem Schüler Anleitung zu geben, wie bisweilen in den Passagien das Starke mit dem Gelinden, und geschleifte Noten mit gestoßenen abwechseln können; und wie absonderlich auf punctireten Noten, wenn sie nicht gar zu geschwind gehen, zu Zeiten ein kurzer Triller angebracht werden kann: damit dem Lernenden keine Verschönerung der

Triolen sind aber immer gleichmäßig gestoßen zu singen. Vor allem bei den Kadenzen ist nach Agricola ein virtuoser Zusatz angebracht.

»In den alten Zeiten wurden die Hauptschlüsse welche man in eigentlichem Verstande Cadenzen nennet, nur so ausgeführet, wie sie, dem Tacte gemäß, geschrieben werden. Auf der mittelsten Note wurde ein Triller gemacht. Hernach fieng man an, auf der Note vor dem Triller eine kleine willkührliche Auszierung anzubringen; wenn nämlich, ohne den Tact aufzuhalten, Zeit dazu war. Darauf fieng man an den letzten Tact der Singstimme langsamer zu singen, und sich etwas aufzuhalten. Endlich suchte man diese Aufhaltung durch allerhand willkührliche Passagien, Läufe, Ziehungen, Sprünge, kurz, was nur für Figuren der Stimme auszuführen möglich sind, auszuschmücken. Diese sind nun noch heutiges Tages üblich: und werden itzo vorzugsweise Cadenzen genennet.« (S. 195/96)

Der eigentliche Kadenzbegriff, der eine musikalische Schlußbildung meint, wurde auf die improvisatorische Ausgestaltung dieses Schlußabschnittes übertragen. Der Triller steht auf der vorletzten Note, davor wird auf langer Silbe die freie Kadenz gesungen. Die Stelle, an der die freie Kadenz steht ist zumeist mit einer Fermate bezeichnet. Auf der Fermate kann aber auch ein Schwellton stehen.

Die Kadenz muß sich nach Agricola immer auf den Hauptaffekt der Arie beziehen und sollte musikalisch die vorausgegangene Thematik aufgreifen. Zwar ist sie an keinen Takt gebunden, doch erscheint ihr inklusive Triller und Schlußnote die Länge eines Atemzuges angemessen.

Das Metrum wird also bei der Kadenz — zumindest für einen Atemzug lang — außer Kraft gesetzt, während sonst die Theoretiker freie Auszierungen nur innerhalb der Takteinheiten gestatteten. Doch war auch hier der flexible Umgang mit der Zeiteinteilung durch das Rubato-Singen (»rubare il Tempo«) üblich. Nach Agricola bedeutet es, »*einer vorgeschriebenen Note etwas von ihrer Geltung abnehmen, um es einer anderen zuzulegen, und umgekehrt«.* (S. 219). Der gleichmäßige zeitliche Ablauf, etwa mit der Begleitung festgelegt, ist der Rahmen, in dessen Grenze sich der Sänger frei nach dem Sinn des Textes und der melodischen Wirksamkeit bewegen und über die Tondauern verfügen kann, die keine exakten Zeitwerte darstellen, sondern nur Annäherungen sind. Dieser flexible Umgang mit den Notenwerten bei Einhaltung des Grundmetrums macht den Vortrag erst lebendig.

1860 schrieb Christian Gottfried Nehrlich über diese alte Gesangskunst:

»Der Sänger muss über dem Tacte schweben, wie der vollkommene Bürger über dem Gesetze, d.h. in der Beobachtung dessen, was er vorschreibt, nicht von dem äusseren Gesetze, das überall eine Fessel ist, sondern von der inneren Zweckmässigkeit ausgehen, die ihm zum Grunde liegt. Der menschliche Gesang ist hierin das für jedes Instrument unerreichbare Vorbild, wenn er, ohne in das Regellose der Tactlosigkeit zu verfallen, durch die rhythmische Gliederung der Töne das Gefühl in freiem Flusse dahin strömen lässt.« (S. 336)

Gesteigert gilt diese Freiheit im Umgang mit den Notenwerten für die Ausführung des Rezitativs. Der Sänger ist hier grundsätzlich nicht an den Takt gebunden, sondern soll frei aus dem Sinn des Textes heraus deklamieren. Agricola meint:

»Man muß sich dabey mehr nach der Länge und Kürze welche die Sylben in der gemeinen Rede haben, als nach der Geltung richten, in welcher jede Note des Recitativs geschrieben ist.« (S. 153)

Ariose Einschübe müssen aber wieder im Tempo vorgetragen werden.

Noch 1843 schrieb Gustav Schilling in seiner »Lehre vom Vortrage in der Musik« in gleichem Sinne:

»Nimmt man dabei die Noten streng taktmäßig, obschon sie meistens genau im Takte geschrieben worden sind, so wird niemals die eigentlich beabsichtigte und rechte Wirkung damit erzielt. Diese nämlich soll keine andere seyn, als den Hörer glauben zu machen, er vernähme jemand oder eine Stimme mit musikalischen Tönen sprechen... Am besten wird ein solcher recitativischer Vortrag gelingen, wenn der Sänger die Worte, die er dabei zu singen hat, so, d.h. mit denjenigen Accenten singt, mit denen er sie rednerisch vortragen, declamiren würde...«[7]

Auf die musikalische Bedeutung solcher aus dem Deklamatorischen kommenden Akzente wies 1725 bereits Georg Philipp Telemann im Vorbericht zu seiner geistlichen Sammlung »Der Harmonische Gottesdienst« hin:

»Beim Rezitativ ist zu erinnern, daß es nicht nach einem gleichen Takte sondern nach dem Inhalte der Poesie bald langsamer, bald geschwinder gesungen werden müsse. Hiernächst haben die Sänger in acht zu nehmen, daß sie nicht allemal so singen, wie die Noten da stehen, sondern sich hin und wieder eines sogenannten Akzents bedienen.«[8]

Die Akzentuierung (»appoggiatura«) bewirkt vor allem bei einer Binnen- oder Schlußkadenz, daß eine Folge gleichhoch notierter Töne verändert wird. Die Passionen Bachs bieten für die verschiedenen Möglichkeiten eine Fülle von Beispielen.
Sehr häufig tritt ein notierter Terzfall auf, der durch Akzentuierung der ersten Silbe musikalisch-stufenweise ausgeglichen wird — wie im Rezitativ Nr. 6 der »Johannes-Passion«:

So   las-set die-se ge-hen!   so   las-set die-se ge-hen!

Ist nur eine Silbe vorhanden — wie im Rezitativ Nr. 8 —, kann der Schlußton aufgeteilt werden:

die   du mir ge - ge-ben hast.   die   du mir ge - ge-ben hast.

[7] Gustav Schilling: Musikalische Dynamik oder die Lehre vom Vortrage in der Musik, Kassel 1843, S. 188/89
[8] Zitiert nach der Ausgabe von Gustav Fock, Kassel 1953, S. V

Fällt die melodische Linie am Schluß um einen Ton — Rezitativ Nr. 60 der »Matthäus-Passion« —, so wird bei einer Akzentuierung die vorhergehende höhere Note wiederholt:

Steigt die melodische Linie, kann — vor allem in Verbindung mit einer Frage — der tiefere Ton wiederholt werden. (Nr. 39 der »Matthäus-Passion«):

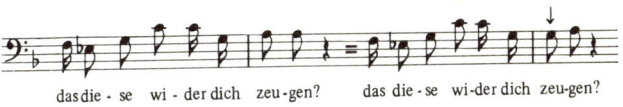

Weniger eindeutig ist das Rezitativ Nr. 25 aufzuschlüsseln. Zwar steht der Ton vor dem Akzent tiefer, doch ist auch denkbar — um »qualen« herauszuheben — die höhere Nebennote zu singen:

Die sprachliche Akzentuierung bewirkt auch die Hervorhebung auf »übel« in der Nr. 14 der »Johannes-Passion«:

Ebenso kann im Rezitativ Nr. 69 der »Matthäus-Passion« »Golgatha« hervorgehoben werden:

Ach Gol-ga-tha, un-sel'ges Gol-ga-tha! un-sel'ges Gol-ga-tha!

Häufig tritt ein Quartfall auf, bei dem die vorhergehende Note wiederholt werden muß. (Nr. 10 der »Johannes-Passion«):

daß ein Mensch würde um-bracht für das Volk. für das Volk._

Seltener ist der Quintfall — wie im Rezitativ Nr. 28:

Du sagst's ich bin ein König. Ich bin dazu gebo-ren und in die Welt kommen

Diese Appoggiaturen waren in rezitativischen Partien noch bis zur Mitte des 19. Jh. üblich. So werden sie beispielsweise in der Szene und Arie des Max aus Carl Maria v. Webers »Freischütz« mehrfach vom Sänger gefordert.

A - bends bracht' ich rei - che Beu-te

Oder:

Hat denn der Him - mel mich ver - las - sen?

Ebenso werden »Mächte« und »Verzweiflung« durch Akzentuierung hervorgehoben:

Die Appoggiaturen können also auch in einer Arie — oder in einem Lied — wirksam werden.

Wie die Regeln zur Ausführung des Rezitativs behielten die der »wesentlichen Manieren« und »willkürlichen Veränderungen« bis zur Mitte des 19. Jh. ihre Gültigkeit. Ein großer Teil der klassisch-romantischen Vokalkompositionen rechnete noch mit ihnen, und sie gehörten zum festen Bestandteil der Gesangsausbildung. Die Freiheiten im variativen Verändern des Notentextes wurden im 19. Jh. aber stärker reglementiert. Gustav Schilling schrieb 1843 dazu:

»Vor allen Dingen sehe man bei Anwendung einer Verzierung darauf, daß sie dem Wesen, dem Charakter des Tonstückes stets vollkommen angemessen ist, und vergesse nicht, daß der Endzweck des verzierten Vortrags niemals blos seyn kann und darf, die Virtuosität des Spielers oder Sängers zu zeigen, sondern ausschließlich dem Ausdrucke mehr Stärke und charakteristische Wahrheit zu geben.« (S. 255)

Der Sänger kann verzieren, doch besteht keine zwingende Notwendigkeit mehr dazu wie noch im 18. Jh. Wichtiger ist es, die Wahrheit des Ausdrucks zu treffen.

»Jeder Virtuos enthalte sich, wo das Einfache, wo die vorgeschriebene Note für sich schon hinreicht, den beabsichtigten Ausdruck zu gewinnen, jedweder freien Verzierung, und er darf gewiß seyn, daß er das Rechte thut, denn blos äußerlicher Pomp, den allein eine solche Verzierung alsdann noch zu bezwecken vermöchte, widerstrebt der eigentlich künstlerischen Aufgabe, schadet dem Ausdrucke mehr als daß er ihm nützt.« (Schilling S. 258)

Mit der Beschränkung auf das, was dasteht war im 19. Jh. bereits die Gefahr einer mechanischen Notenreproduktion gegeben, wogegen Nehrlich sich 1860 heftig wandte:

»Der mechanisch-musikalische Vortrag, der nur durch seine Präcision imponirt, ist von unserm Vortrage eben so weit entfernt als die Bewegung eines Automaten von der Bewegung eines lebendigen innerlich und äusserlich durchgebildeten Menschen.« (S. 341)

Wie für Nehrlich ist auch für Schilling der nuancierte Vortrag wesentlich, der bereits im 17. Jh. und vor allem im 18. Jh. von den Theoretikern beschrieben worden war.

»Nicht immer nämlich will ein Gesang mit ganzer, voller Stimme vorgetragen seyn, sondern es kann der Charakter seines Wortinhalts auch erfordern, daß sein Text bald weich bald hart, bald sanft und mild, bald stark und rauh, bald matt, bald spitz, bald klingend, bald heiser und noch anders ausgesprochen wird, und jede dieser besonderen Stimmfärbungen hat also der Sänger in seinem Vortrage anzunehmen.« (S. 202)

Seit Johann Sebastian Bach war die Vokalmusik immer genauer ausgearbeitet worden, so daß für spontane Veränderungen des Notentextes allmählich die Notwendigkeit schwand, dafür aber der nuancierte stimmliche Einsatz um so dringlicher wurde, der es dem Zuhörer erst ermöglichte, die Komposition während des Vortrags mitzuempfinden. Denn das Gemüt zu bewegen war 1752 nach Johann Joachim Quantz Endzweck der musikalischen Aufführung, und der Ausführende hatte sich in den jeweiligen Affekt der Komposition hineinzuversetzen,

»damit man dasjenige, so man zu spielen hat, in eben solcher Gemüthsverfassung vortrage, in welcher es der Componist gesetzt hat... Denn was nicht vom Herzen kömmt, geht auch nicht leichtlich wieder zum Herzen.«[9]

In gleichem Sinne schrieb 1753 Carl Philipp Emanuel Bach vom Vortrag:

»Indem ein Musicus nicht anders rühren kan, er sey dann selbst gerührt; so muß er nothwendig sich selbst in alle Affecten setzen können, welche er bey seinen Zuhörern erregen will; er giebt ihnen seine Empfindungen zu verstehen und bewegt sie solchergestalt am besten zur Mit-Empfindung. Bey matten und traurigen Stellen wird er matt und traurig. Man sieht und hört es ihm an. Dieses geschicht ebenfalls bey heftigen, lustigen, und andern Arten von Gedancken, wo er sich als denn in diese Affecten setzet. Kaum, daß er einen stillt, so erregt er einen andern, folglich wechselt er beständig mit Leidenschaften ab. Diese Schuldigkeit beobachtet er überhaupt bey Stücken, welche ausdrückend gesetzt sind, sie mögen von ihm selbst oder von jemanden anders herrühren; im letztern Falle muß er dieselbe Leidenschaften bey sich empfinden, welche der Urheber des fremden Stücks bey dessen Verfertigung hatte.«[10]

Die Forderung, ein Musikstück durch Ornamentierung zu verändern, wurde seit der Mitte des 18. Jh. durch den nachdrücklichen Hinweis ergänzt, sich erst einmal auf das Werk, seinen Ausdruck und seine Struktur einzulassen, sich mit ihm zu identifizieren, bevor man in den komponierten Organismus eingreift.

Identifikation als Grundlage der Interpretation forderte 1963 noch der Regisseur Walter Felsenstein vom Operndarsteller. Wie vor ihm Richard Wagner verlangt er vom Sänger, in seine Rolle einzutauchen, damit das Singen auf der Bühne zur wahrhaften und unentbehrlichen menschlichen Äußerung wird.

»Das dramatische Geschehen muß sich auf einer emotionalen Ebene vollziehen, wo Musik das einzige Ausdrucksmittel ist...

---

[9] Versuch einer Anweisung die Flöte traversière zu spielen. Zitiert nach der 3. Auflage Berlin 1789, S. 138

[10] Versuch über die wahre Art, das Klavier zu spielen. Zitiert nach der 2. Auflage Berlin 1759, S. 108

Der Darsteller muß mich glauben machen können, daß jede seiner Äußerungen einem für mich erkennbaren Anlaß entspringt, daß nur aus diesem
Anlaß seine Emotion wächst, die ihn das Singen finden läßt...
Also ist das emotionell glaubhafte Musizieren ein alle Organe des Darstellers beanspruchender Schöpfungsakt, der sowohl die Instrumentalparti-
tur wie auch die Gesangsstimme beherrscht; eine ausschließlich aus der
Handlung und Emotion entstandene, in jeder Hinsicht ungewöhnliche
Äußerung des Darstellers, der vergißt und auch das Publikum vergessen
macht, daß er ein »Berufs«-Sänger ist.«[11]

Der die Musik vortragende Sänger (oder Instrumentalist)
hat eine Mittlerfunktion: er muß nachschöpferisch in die Intentionen des Komponisten eindringen und sie in seiner Interpretation dem Hörer verständlich machen.
Zugespitzt formulierte 1914/15 der Musikwissenschaftler
Hugo Riemann,

»daß nämlich gar nicht die wirklich erklingende Musik sondern vielmehr
die in der Tonphantasie des schaffenden Künstlers vor der Aufzeichnung
in Noten lebende und wieder in der Tonphantasie des Hörers neu erste-
hende Vorstellung der Tonverhältnisse das Alpha und das Omega der Tonkunst ist. Sowohl die Festlegung der tonkünstlerischen Schöpfungen in
Notenzeichen als die klingende Ausführung der Werke sind nur Mittel,
die musikalischen Erlebnisse aus der Phantasie des Komponisten in die
des musikalischen Hörers zu verpflanzen.«[12]

Der Interpret, der sich mit dem Notentext auseinanderzu-
setzen hat, muß diesen entschlüsseln, um in den Geist des
Werkes eindringen zu können, denn die Notenzeichen
selbst und ihre Bedeutung bilden noch nicht die Substanz,
nur den Ausgangspunkt ihrer Ergründung.
1814 beschrieb der Musiker und Dichter E. T. A. Hoffmann
in seinem Aufsatz »Ahnungen aus dem Reiche der Töne«
aus romantischer Sicht den Schaffensvorgang des Komponisten und dessen Verhältnis zur Notation:

[11] Methode und Gesinnung in: Schriften zum Musiktheater, Berlin 1976, S. 118-127

[12] Ideen zu einer »Lehre von den Tonvorstellungen«. Zitiert aus: C. Dahlhaus und
M. Zimmermann, Musik zur Sprache gebracht. Musikästhetische Texte aus drei
Jahrhunderten, Kassel 1984, S. 421

»Der Musiker, das heißt, der, in dessen Innerem die Musik sich zum deutlichen klaren Bewußtsein entwickelt, ist überall von Melodie und Harmonie umflossen.«

Dem von außen inspirierten Komponisten wird

»das Sehen ein Hören von innen, nämlich zum innersten Bewußtsein der Musik, die mit seinem Geiste gleichmäßig vibrierend aus allem ertönt, was sein Auge erfaßt.«

Diese Musik des Innern kann nicht völlig durch Notation veräußerlicht werden, denn:

»die Fähigkeit, jene Anregungen wie mit einer besonderen geistigen Kraft festzuhalten und festzubannen in Zeichen und Schrift, ist die Kunst des Komponierens. Diese Macht ist das Erzeugnis der musikalischen künstlichen Ausbildung, die auf das ungezwungene geläufige Vorstellen der Zeichen (Noten) hinarbeitet. Bei der individualisierten Sprache waltet solch innige Verbindung zwischen Ton und Wort, daß kein Gedanke in uns sich ohne seine Hieroglyphe — (den Buchstaben der Schrift) erzeugt, die Musik bleibt allgemeine Sprache der Natur, in wunderbaren, geheimnisvollen Anklängen spricht sie zu uns, vergeblich ringen wir danach, diese in Zeichen festzubannen, und jenes künstliche Anreihen der Hieroglyphe erhält uns nur die Andeutung dessen, was wir erlauscht.«[13]

Das Notieren von Musik ist nach Hoffmann ein zwangsläufig mehr oder weniger mißglückender Versuch des Komponisten, festzuhalten, was sich der Fixierung eigentlich entzieht. Die älteren Komponisten hatten sich oft damit begnügt, das Werk nur durch einen Gerüstsatz anzudeuten und die Ausarbeitung den Ausführenden zu überlassen. Im 19. Jh. wurde es immer genauer bezeichnet, seine Deutung aber auch immer schwieriger. Ist doch nach Hoffmanns romantischer Ästhetik *die Musik so etwas höchst Wunderbares, wie wenig vermag doch der Mensch ihre tiefen Geheimnisse zu ergründen!«* (S. 33)
Ihr *»Vorwurf«* ist das *»Unendliche«.*

---

[13] Zitiert aus: Fantasie- und Nachtstücke, München 1976, S. 326. Hoffmann wandelte diesen Aufsatz später zu »Johannes Kreislers Lehrbrief« um und nahm ihn mit in seine »Kreisleriana« auf.

»Die Musik schließt dem Menschen ein unbekanntes Reich auf, eine Welt, die nichts gemein hat mit der äußern Sinnenwelt, die ihn umgibt, und in der er alle bestimmten Gefühle zurückläßt, um sich einer unaussprechlichen Sehnsucht hinzugeben.« (S. 41)

Um diesem Anspruch gerecht zu werden, muß der Interpret nach der Verinnerlichung des Notentextes alle Möglichkeiten seiner Nuancierungskunst einsetzen, damit die Intention des Komponisten den Hörer erreichen kann. Das notierte Werk ist nur Sinnbild einer übergeordneten Idee, und der Interpret muß durch die Zeichen hindurchgehen, um zum Kern vorzudringen, den er zu vermitteln hat.

Der Musikwissenschaftler Thrasybulos G. Georgiades schrieb dazu: Musik

»entsteht erst durch die Interpretation... ist nur als Interpretation vorhanden. Aufgabe der musikalischen Interpretation ist das Schaffen des musikalischen Gegenstandes. Es wird Klang hingestellt, und zwar als verantwortlich vom Subjekt getragene Tat, als »Verstandenes«.« [14]

Der Musikkritiker Eduard Hanslick differenzierte 1854 in seiner Schrift »Vom Musikalisch-Schönen« zwischen der Erfindung des musikalischen Kunstwerkes und seiner Reproduktion. Im Gegensatz zum Komponisten, der eine musikalische Idee während des langwierigen Notationsvorganges zu realisieren versucht, wobei das vollendete Werk dann — philosophisch gefaßt — eine bestimmte Idee als Schönes in sinnlicher Erscheinung verkörpert, ist es dem Interpreten gegönnt,

»sich von dem Gefühl, das ihn eben beherrscht, unmittelbar durch sein Instrument zu befreien und in seinen Vortrag das wilde Stürmen, das sehnliche Glühen, die heitere Kraft und Freude seines Innern zu hauchen. Schon das körperlich Innige, das ... im Gesange selbsttönend wird, macht den persönlichsten Erguß der Stimmung im Musizieren recht eigentlich möglich... Der Komponist schafft langsam, unterbrochen, der Spieler in unaufhaltsamem Flug; der Komponist für das Bleiben, der Spieler für den

[14] Die musikalische Interpretation, in: Kleine Schriften, Tutzing 1977, S. 52

erfüllten Augenblick. Das Tonwerk wird geformt, die Aufführung erleben wir. So liegt denn das gefühlsentäußernde und erregende Moment der Musik im Reproduktionsakt, welcher den elektrischen Funken aus dunkelm Geheimnis lockt und in das Herz der Zuhörer überspringen macht. Freilich kann der Spieler nur das bringen, was die Komposition enthält, allein diese erzwingt wenig mehr als die Richtigkeit der Noten. »Der Geist des Tondichters sei es ja nur, den der Spieler errate und offenbare« — wohl, aber eben diese Aneignung im Moment des Wiederschaffens ist sein, des Spielers, Geist... Die künstliche Spieluhr kann das Gefühl des Hörers nicht bewegen, doch der einfachste Musikant wird es, wenn er mit voller Seele bei seinem Liede ist.«[15]

Der Interpret muß nach Hanslick sein subjektives Empfinden ausnutzen, um das objektive Werk dem Zuhörer zu vermitteln. Das Empfinden entzündet sich aber an der Erkenntnis des Werkes, das durch den Notentext symbolisch gegeben ist. Der Interpret hat Werktreue zu üben, indem er nicht seine eigenen zufälligen und unwesentlichen Empfindungen zum Gegenstand des Vortrages macht, sondern nur die von der Erkenntnis der Komposition inspirierten. Er wird durch seine Kunst imstande sein, dem Hörer auch das Nicht-Notierbare im Werk zu vermitteln, um das es dem Komponisten gegangen ist.

Der Komponist und Interpret Ferruccio Busoni polemisierte 1907 in seinem »Entwurf einer neuen Ästhetik der Tonkunst« gegen die »Gesetzgeber«, d.h. Kritiker und Pädagogen, die dem Nachschöpfer des Werkes die Fesseln des Notentextes zu eng anlegen wollten. Musik ist ihm Teil des schwingenden Weltalls, aus dem Nichts geformt.

»Der Vortrag in der Musik stammt aus jenen freien Höhen, aus welchen die Tonkunst selbst herabstieg. Wo ihr droht, irdisch zu werden, hat er sie zu heben und ihr zu ihrem ursprünglichen »schwebenden« Zustand zu verhelfen.
Die Notation, die Aufschreibung, von Musikstücken ist zuerst ein ingeniöser Behelf, eine Improvisation festzuhalten, um sie wiedererstehen zu lassen. Jene verhält sich aber zu dieser wie das Porträt zum lebendigen Mo-

[15] Zitiert nach der 20. Auflage Wiesbaden 1980, S. 100/01

dell. Der Vortragende hat die Starrheit der Zeichen wieder aufzulösen und in Bewegung zu bringen.

Die Gesetzgeber aber verlangen, daß der Vortragende die Starrheit der Zeichen wiedergebe, und erachten die Wiedergabe für um so vollkommener, je mehr sie sich an die Zeichen hält.

Was der Tonsetzer notgedrungen von seiner Inspiration durch die Zeichen einbüßt, das soll der Vortragende durch seine eigene wiederherstellen.«[16]

Das Kunstwerk erweist sich auch an der Schwelle zum 20. Jh. noch als offen und vieldeutig. »Die« Interpretation, die den Gehalt des Werkes ausschöpft, gibt es nicht. Der Vortrag muß sich jeweils wieder neu der »ewigen Harmonie« nähern.

»Große Künstler spielen ihre eigenen Werke immer wieder verschieden, gestalten sie im Augenblicke um, beschleunigen und halten zurück — wie sie es nicht in Zeichen umsetzen konnten — und immer nach den gegebenen Verhältnissen jener »ewigen Harmonie«.

Da wird der Gesetzgeber unwillig und verweist den Schöpfer auf dessen eigene Zeichen. So, wie es heute steht, behält der Gesetzgeber recht.« (S. 28)

Busoni wandte sich gegen eine Tendenz, die Werktreue auf Notentreue reduzierte und mit möglichst exaktem Abspielen der Noten glaubte, der Komposition besser gerecht werden zu können. Der Abscheu vor zuviel Gefühl mündete in eine Sachlichkeit, die auch die Komponisten ergriff, so daß für Aufführungen der Musik des 20. Jh. die alten Werte teilweise außer Kraft gesetzt wurden.

In seiner Schauspielkritik, die aber auch auf die Musik übertragen werden kann, formulierte Bertolt Brecht die Bedenken gegen zuviel »Rauschartiges« in der Kunst:

»Viele, darunter sogar Künstler, gönnen dem Nüchternen überhaupt keinen Platz innerhalb der Kunst. Sie ist ihnen etwas Rauschartiges. Es heißt nun nicht, dem Trunkenen keinen Platz mehr innerhalb der Kunst zu gönnen, wenn man dem Nüchternen einen solchen verschafft. Wie hoch im-

---

[16] Zitiert nach der Neuausgabe Frankfurt 1974, S. 26/27

mer sich diese zarten, stürmischen und vagen Gebilde der Kunst erheben mögen, sie brauchen doch einen Boden. Meist verschwimmt nun dieser mehr als ihr Giebel. Und doch sind es die Zeiten des Verfalls, wo diese Inflationen passieren, diese Entwertungen der einfacheren Gefühle, diese Aufblähung, die beileibe kein Wachstum bedeutet, eher eine Schwindung der Substanz.«[17]

Die Kritik Brechts — auf die Musik übertragen — trifft aber nur jene »Interpreten«, die in einem falsch verstandenen romantischen Gefühlsüberschwang sich selbst und nicht das Werk zum Ausgang ihres Vortrages machen, was dann allerdings zu einem inflationären Verfallszustand führt.

Igor Strawinsky versuchte 1942 in seiner »Musikalischen Poetik« zwischen bloßer Ausführung und Interpretation zu vermitteln:

»Der Konflikt dieser beiden Prinzipien — Ausführung und Interpretation — ist die Wurzel aller Irrtümer, aller Sünden, aller Mißverständnisse, die sich zwischen Werk und Hörer stellen und die die richtige Übermittlung der musikalischen Botschaft verfälschen.

In jedem Interpreten steckt notwendigerweise ein Ausführender. Im umgekehrten Fall ist es nicht so.«

Der Ausführende benötigt erst einmal einen Notentext,

»in dem der Wille des Autors fehlerfrei niedergelegt ist. Aber wie peinlich genau auch eine Musik aufgeschrieben sein mag und wie sehr sie auch durch Anweisung der »Tempi«, Schattierungen, Bindungen, Betonungen etc. gegen jede Zweideutigkeit geschützt sein mag, sie enthält immer geheime Elemente, die sich der eindeutigen Fixierung widersetzen... Diese Elemente sind deshalb von der Erfahrung abhängig, von dem Einfühlungsvermögen...

Zwischen dem Ausführenden schlechthin und dem Interpreten im wahren Sinne des Wortes besteht ein Naturunterschied, der eher ethischer als ästhetischer Art ist und der eine Gewissensfrage stellt: theoretisch kann man von dem Ausführenden nur die nackte Übermittlung seines Notentextes verlangen, die er — sei es gern oder ungern — bewerkstelligt, während man rechterdings vom Interpreten über diese nackte Vermittlung hinaus eine verliebte Hingabe erwartet...

[17] Gesammelte Werke Bd. 15, Schriften zum Theater 1, Frankfurt 1967, S. 375

Die schlechten Interpreten dürfen die guten nicht in Vergessenheit geraten lassen. Ich gebe es zu, bemerke aber, daß die Schlechten in der Überzahl sind und daß die Virtuosen, die wirklich und aufrichtig der Musik dienen, viel seltener sind als diejenigen, denen die Musik eine willkommene Gelegenheit ist, Karriere zu machen...

Dirigenten, Sänger, Pianisten, alle Virtuosen sollten immer wissen und sich einprägen: Wer nach dem verpflichtenden Titel eines Interpreten trachtet, muß vor allem eine Bedingung erfüllen: zunächst ein unfehlbar Ausführender zu sein. Das Geheimnis der Vollkommenheit besteht vor allem in dem Respekt vor dem Gesetz, welches das Werk dem Ausführenden auferlegt.«[18]

[18] Zitiert nach der Neuausgabe Frankfurt 1960, S. 80-84

Weiterführende Literatur

Beyschlag, Adolf: Die Ornamentik der Musik, Leipzig 1908 (Neuauflage Wiesbaden 1978)

Brown, Howard Mayer: Embellishing Sixteenth-Century Music, (Early Music Series I), London 1976

Bruck, Boris: Wandlungen des Begriffes Tempo rubato, Diss. Erlangen 1928

Chrysander, Friedrich: Lodovico Zacconi als Lehrer des Kunstgesanges, in: Vierteljahrsschrift für Musikwissenschaft VII 1891 S. 337-396, IX 1893 S. 249-310, X 1894 S. 531-567

Dahlhaus, Carl: Die Musik des 19. Jh. (Neues Handbuch der Musikwissenschaft Bd. 6), Wiesbaden/Laaber 1980

Danuser, Hermann/Keller, Christoph:
Aspekte der musikalischen Interpretation. (Sava Savoff zum 70. Geburtstag), Hamburg 1980

Dürr, Walther: »Manier« und »Veränderung« in Kompositionen Franz Schuberts, in: Vera Schwarz (Hrsg.), Zur Aufführungspraxis der Werke Franz Schuberts (Beiträge zur Aufführungspraxis Bd. 4), München-Salzburg 1981, S. 124-139

Dürr, Walther/Siegele, Ulrich:
Cantar d'affetto: zum Vortrag monodischer Musik, in: Bericht über den Internationalen Musikwissenschaftlichen Kongreß (Gesellschaft für Musikforschung) Leipzig 1966, Kassel und Leipzig 1970, S. 208-215

Felsenstein, Walter: Schriften zum Musiktheater, Berlin 1976

Georgiades, Thrasybulos G.: Die musikalische Interpretation, in: Kleine Schriften, Tutzing 1977, S. 45-53

Goldschmidt, Hugo: Die Lehre von der vokalen Ornamentik. Erster Band: Das 17. und 18. Jh. bis in die Zeit Glucks, Charlottenburg 1907

Gutknecht, Dieter: Schleifer und Vorschläge in der Arie »Erbarme dich« aus der Matthäus-Passion von Johann Sebastian Bach, in: Ars Musica, Musica Scientia. Festschrift Heinrich Hüschen zum 65. Geburtstag, Hrsg. Detlef Altenburg, Köln 1980, S. 212-223

Hochreither, Karl: Zur Aufführungspraxis der Vokal-Instrumentalwerke Johann Sebastian Bachs, Kassel 1983

Kuhn, Max: Die Verzierungskunst in der Gesangs-Musik des 16.-17. Jh. (1535-1650), Leipzig 1902 (Nachdruck Wiesbaden 1981)

Kunze, Stefan: Vorwort zu Wolfgang Amadeus Mozart: Neue Ausgabe sämtlicher Werke, Serie II, Werkgruppe 7 Bd. 1, Kassel 1967, S. VII-XXI

Aufführungsprobleme im Rezitativ des späten 18. Jh. — Ausführung und Interpretation, in: Mozart-Jahrbuch 1968/70, Salzburg 1970, S. 132-144

Medicus, Lotte: Die Koloratur in der italienischen Oper des 19. Jh., Diss. Zürich 1939

Melkus, Eduard: ZurAuszierung der Da-Capo-Arien in Mozarts Werken, in: Mozart-Jahrbuch 1968/70, Salzburg 1970, S. 159-185

Die Entwicklung der freien Auszierung im 18. Jh., in: Der junge Haydn, (Beiträge zur Aufführungspraxis Bd. 1, Hrsg. Vera Schwarz), Graz 1972, S. 147-167

Müller-Blattau, Joseph (Hrsg.): Die Kompositionslehre Heinrich Schützens in der Fassung seines Schülers Christoph Bernhard, Kassel 1963 (2. Aufl.)

Neumann, Frederick: Ornamentation in Baroque and Post-Baroque Music with special Emphasis on Johann Sebastian Bach, New Jersey 1978 (2. Aufl. 1983)

Neumann, Friedrich-Heinrich: Die Theorie des Rezitativs im 17. und 18. Jh., Diss. Göttingen 1955. Daraus: Die Ästhetik des Rezitativs. Zur Theorie des Rezitativs im 17. und 18. Jh., Strasbourg/Baden Baden 1962

Pfeiffer, Christel: Die »Notes inégales«. Ihre Bedeutung und Anwendung aus der Sicht deutscher musikgeschichtlicher Quellen des 18. Jh., in: Melos/NZ 6/1978, S. 512-515

Pringsheim, Heinz: Vorhalt und Vorschläge. Zur Aufführungspraxis der Musik des 18. Jh., in: Das Musikleben 6, Mainz 1953

Schmitz, Hans-Peter: Die Kunst der Verzierung im 18. Jh. Instrumentale und vokale Musizierpraxis in Beispielen, Kassel 1955 (4. Aufl. 1983)

Aufführungspraxis — Bemerkungen zum Verhältnis Interpretation-Komposition in Vergangenheit und Gegenwart, in: NZ 4/1973, S. 211-214

Uhde, Jürgen: Interpretation, in: Prisma der gegenwärtigen Musik. Tendenzen und Probleme des zeitgenössischen Schaffens, Hrsg. Joachim E. Berendt und Jürgen Uhde, Hamburg 1959

Veilhan, Jean-Claude: Die Musik des Barock und ihre Regeln (17.-18. Jh.), Paris 1982

Wichmann, Kurt: Vom Vortrag des Recitativs und seiner Erscheinungsformen. Ein Beitrag zur Gesangspädagogik, Leipzig 1965

Der Ziergesang und die Ausführung der Appoggiatura. Ein Beitrag zur Gesangspädagogik, Leipzig 1966

Wolff, Hellmuth Christian: Gesangsimprovisationen der Barockzeit, in: Das Musikleben 6, Mainz 1953

Originale Gesangsimprovisationen des 16. bis 18. Jh., (Das Musikwerk Bd. 41), Köln 1972

III. Kapitel

Zur Deutung und Gestaltung des Notentextes

Im 16. bis 18. Jh. war es ein Grundzug der Textvertonung, den affektiven Gehalt des sprachlichen Vorwurfs musikalisch nachzubilden. Zuerst werden einzelne Worte — im italienischen Madrigal etwa mit den »Madrigalismen« — musikalisch illustriert, dann versuchen die Komponisten auch, den gesamten Tonsatz auf den Grundaffekt hin auszurichten. Der Affektenlehre des 18. Jh. geht es darum, Regeln für den musikalischen Ausdruck zu finden. Gegensätzliche Affekte wie Freude und Trauer, Haß und Liebe, Zorn, Rache und Mitleid oder Großmut bedingen jeweils andere musikalische Darstellungsmittel, so daß etwa die Wahl des Grundtempos, Richtung und Geschwindigkeit der melodischen Bewegung, Größe und Richtung der Intervalle sowie stereotype Verwendung rhythmischer und harmonischer Modelle eine erste Schicht der Vertonung bildet.

Nach Johann Joachim Quantz hat der Ausführende den Affektgehalt in sich aufzunehmen und kunstvoll differenziert wiederzugeben, denn

»wenn man alles kaltsinnig, in einerley Farbe, ohne Abwechselung des Piano und Forte singt oder spielet... wenn man alles ohne Empfindung, ohne Affect, und ohne selbst gerührt zu werden, vorträgt; so daß es das Ansehen hat, als wenn man in Commission für einen andern singen oder spielen müßte: wodurch aber der Zuhörer eher in eine Schläfrigkeit versetzet,

173

als auf eine angenehme Art unterhalten und belustiget wird; mithin froh seyn muß, wenn das Stück zu Ende ist.« [1]

Der Ausführende muß weiterhin die musikalische Gliederung in Sinnzusammenhänge, Phrasen nachvollziehen. Sie folgt ebenfalls dem Text und seiner Interpunktion, so daß der gesprochenen Rede — in ihrer schriftlichen Fixierung — eine sie nachahmende Klangrede — in ihrer notierten Version — zur Seite tritt. Für Quantz ist Musik nichts anderes als *»eine künstliche Sprache, wodurch man seine musikalischen Gedanken dem Zuhörer bekannt machen soll«.* (S. 102). Danach hat sich auch der gute Vortrag zu richten:

»Der musikalische Vortrag kann mit dem Vortrage eines Redners verglichen werden. Ein Redner und ein Musikus haben sowohl in Ansehung der Ausarbeitung der vorzutragenden Sachen, als des Vortrages selbst, einerley Absicht zu Grunde, nämlich: sich der Herzen zu bemeistern, die Leidenschaften zu erregen oder zu stillen, und die Zuhörer bald in diesen, bald in jenen Affect zu versetzen.« (S. 100)

Schon im 17. Jh. waren die Komponisten dazu übergegangen, Gemütsbewegungen, die sie mit ihrer Klangrede auslösen wollten, mit Hilfe von melodischen Formeln, den »Figuren«, musikalisch darzustellen. Figuren wurden somit zur Sprache der Affekte, und als Hilfsmittel des Ausdrucks bestimmten sie die Textvertonungen bis hin zu den Liedern Franz Schuberts.

Der Sänger soll diese Figuren nicht nur erkennen — und sich damit dem musikalischen Gehalt des Werkes verstehend nähern —, sondern ihren Ausdruck während des Singens nachempfinden, um die Absicht des Komponisten zu verdeutlichen. Heinrich Schütz etwa beginnt sein »Kleines

---

[1] Versuch einer Anweisung die Flöte traversière zu spielen, Berlin 1752, zitiert nach der 3. Auflage 1789, S. 110/11

geistliches Konzert« SWV 310 »Ich liege und schlafe« mit der Bewegung des Niederlegens und In-Schlaf-Fallens:

Die Stimme hat das mit enger Bindung und einem Decrescendo zum Ende der Phrase hin nachzuzeichnen. Das folgende Erwachen ist als Gegensatz konzipiert: sequenzierter, gesteigerter Aufstieg im tänzerischen Dreiertakt. (Die Takte der beiden gegensätzlichen Teile stehen im gleichen Zeitverhältnis 𝅗𝅥 = 𝅗𝅥·)

Bei der gesteigerten Wiederholung schwingt ein extatisches Moment — man kann eine Übertragung der Bedeutung des Erwachens zu der des Auferstehens mutmaßen — mit, das im Herrn abschließend seinen Halt findet und zur Ruhe kommt. Entsprechend expressiv ist diese Steigerung zu gestalten.

Ähnlich symbolisiert Johann Sebastian Bach in der Alt-Arie aus dem zweiten Teil des »Weihnachts-Oratoriums« den Schlaf:

Die Stimme muß die ganze Phrase mit größter Ruhe zur Wirkung bringen. An den kleinen Einschnitten ist unmerklich zu atmen und dabei die Spannung zu halten.

In seiner »Matthäus-Passion« vollzieht Bach musikalisch das Zerreißen des Vorhanges von oben nach unten im Rezitativ Nr. 73 nach:

Heinrich Schütz beugt seine Knie im »Kleinen geistlichen Konzert« SWV 319 auch in Tönen:

Ebenso symbolisiert er Himmel und Erde mit oben und unten:

Diese bildhafte Tonsprache stimmlich nachzuzeichnen wird dem erkennenden Sänger keine Schwierigkeiten bereiten.

176

Die Bewegung des Fallens animierte die Komponisten natürlich auch zur musikalischen Nachahmung wie Franz Schubert in seinem Lied »Letzte Hoffnung« aus der »Winterreise«:

Ach, und fällt   das   Blatt   zu   Bo - den

Carl Friedrich Zelter läßt in seiner Goethe-Vertonung »Wonne der Wehmut« die Tränen rinnen (bei Beethovens Vertonung des gleichen Textes tropft es dafür im Klavier).

Trock - net   nicht

Bach verbindet in seiner »Johannes-Passion« das Weinen des Petrus im Rezitativ Nr. 18 noch mit Schmerz symbolisierender Chromatik.

und wei -   -   ne-te bit -

-    - ter - lich.

Bei dieser einfühlenden Kompositionsweise wird der Sänger den Ausdruck kaum verfehlen können.

Ebenso sind die »tiefsten Felsengründe« in Schuberts »Irrlicht« aus der »Winterreise« direkt verständlich:

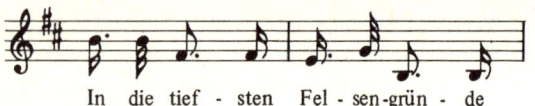

In die tief - sten Fel - sen-grün - de

Wenn der Wanderer dann vom »Irre Gehen« singt, fällt er direkt in den Abgrund hinein:

Bin ge - wohnt das ir - re Ge - hen

Läßt der junge Schubert in »Schäfers Klagelied« das lyrische Ich vom Berg hinab ins Tal schauen, versinkt es in dieser Betrachtung — und so muß die Stelle auch gesungen werden.

und schau - e hin -ab in das Tal.

Bei Johann Friedrich Reichardt, der das Goethe-Gedicht ebenfalls vertonte, verliert sich der Blick in der Weite des Tales:

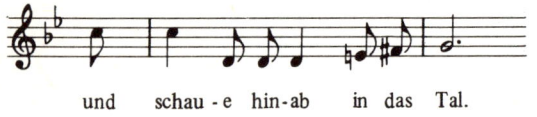

und schau - e hin-ab in das Tal.

Die Vieldeutigkeit dieser melodischen Wendung zeigt sich bei dem Strophenlied darin, daß sie mit verschiedenen Texten, etwa: »Doch alles ist leider ein Traum« oder »Und weit in das Land hinaus« verbunden werden kann, ohne an spontaner Aussagekraft zu verlieren.

Dem melodischen Abstieg steht der meist hoffnungsvolle Aufstieg gegenüber wie im »Frühlingstraum« aus Schuberts »Winterreise«.

der Blu - men im Win - ter sah

Hier konzentriert sich der emphatische Aufschwung des Frühlingstraumes ebenso wie an der Parallelstelle das Verlangen nach der Liebsten: »Wann halt ich mein Liebchen im Arm?«.

Ähnlich tief wirkt der melodische Aufstieg T. 11/12 im Rezitativ Nr. 74 aus Bachs »Matthäus-Passion«.

denn Je · sus hat sein Kreuz voll - bracht.

Hier verbindet sich die Emphase der menschheitserlösenden Leidüberwindung mit einer Andeutung der künftigen Himmelfahrt. Der Sänger muß förmlich nach oben gezogen werden. Diese Stelle wirkt auch noch auf die folgende, von freudig tänzerischem Affekt geprägte Arie »Mache dich, mein Herze, rein«, die der Heilsgewißheit Ausdruck verleiht.

Melodisch gesteigerte Textwiederholungen — wie die emphatische Bitte T. 49 aus »Ich liege und schlafe« von Schütz — intensivieren den Ausdruck und müssen mit entsprechend gesteigerter Emotionalität vorgetragen werden.

Auf, Herr, und hilf mir, hilf mir, mein Gott.

Besondere tonsymbolische Bedeutung hat die verminderte Quinte, der Tritonus. Bach benutzt ihn in seinen Passionen sehr häufig zur Darstellung des Schlechten oder Unheil bringenden. So steht der Tritonus im Rezitativ Nr. 30 der »Johannes-Passion« über dem Wort »Mörder« ebenso wie über dem Namen »Pilatus«, der damit musikalisch negativ charakterisiert ist:

Barrabas aber war ein Mörder. Da nahm Pi - la - tus Je - sum

Aber auch das verteidigende Schwert des Petrus ist von Übel (Rezitativ Nr. 8):

Da hat - te Si - mon Pet - rus ein Schwert

In der entsprechenden Stelle der »Matthäus-Passion« ist konsequent der Hieb mit dem Schwert ebenfalls mit einem Tritonus — hier als übermäßige Quarte — symbolisiert (Rezitativ Nr. 34):

und hieb ihm ein Ohr ab.

Letztlich wird der Tritonus zum Symbol der Kreuzigung und des damit verbundenen Leids (Rezitativ Nr. 49 der »Johannes-Passion«):

All - da kreuzigten sie ihn

Der musikalische Ausdruck der Jesus-Worte (Rezitativ Nr. 32 der »Matthäus-Passion«) »Ach! wollt ihr nun schlafen und ruhen?« zielt auf die Erwartung des Leids hin:

Ach!   wollt ihr nun schlafen und ru-hen?

Heißt es dann weiter: »lasset uns gehen...«, weiß man, wohin dieser Leidensweg führt.

Las-set uns gehen; sie-he, er ist da, der mich ver-rät.

Spricht Jesus aber von seinem »Reich«, das »nicht von dieser Welt« ist (Rezitativ Nr. 26 der »Johannes-Passion«), wird Bach hymnisch, führt die Stimme bis zur oberen Grenze und hellt als Konsequenz das Moll zum Dur auf,

Mein Reich ist nicht von dieser Welt; wäre mein Reich von dieser Welt

um dann auch zum Abschluß des Rezitativs das ferne Reich musikalisch sinnlich durchscheinbar werden zu lassen.

a - ber,   nun ist mein Reich nicht von dan-nen.

Dazwischen läßt er es sich nicht nehmen, das Wort »kämpfen« musikalisch zu illustrieren:

kämp - - fen

Der Sänger muß einerseits diese vielfältige musikalische

Symbolsprache nachvollziehen, um dem Sinn — und damit dem Ausdruck — der Struktur des Tonsatzes sich verstehend zu nähern, andererseits aber auch die Klangrede selbst sinnvoll gliedern. Quantz bemerkt dazu:

»Gedanken, welche an einander hangen sollen, muß man nicht zertheilen: so wie man hingegen diejenigen zertheilen muß, wo sich ein musikalischer Sinn endiget, und ein neuer Gedanke, ohne Einschnitt oder Pause anfängt...« (S. 104/05)

Johann Abraham Peter Schulz leitete auch die musikalischen Nuancen vom rednerischen Vortrag ab:

»Es verhält sich mit dem Vortrag einer Hauptstimme, wie mit dem Vortrag der Rede. Derjenige, der blos die vorgeschriebenen Noten liest, und alles gethan zu haben glaubt, wenn er sie nur rein und im Takt singt oder spielt, hat so wenig einen guten Vortrag, als der Redner, der blos deutliche Worte ausspricht, ohne den Ton seiner Aussprache zu verändern. Wer an einem solchen Vortrag ein Wolgefallen findet, verräth eine gemeine oder unausgebildete Seele. Zuhörer von Geschmack und Empfindung haben davor einen Ekel.

Jedes gute Tonstük hat, wie die Rede, seine Phrasen, Perioden und Accente; außerdem hat es ein bestimmtes Zeitmaaß, nämlich den Takt; diese Stüke müssen im Vortrag fühlbar gemacht werden, ohne dem bleibt es dem Zuhörer unverständlich.«[2]

Klangrede als Kompositionsprinzip und musikalischer Vortrag sind eng aufeinander bezogen. Musik, die sich in ihrer Strukturierung an Grammatik und Syntax der Sprache orientierte und ihren Gehalt aus dem Nachvollzug des Textsinnes schöpfte, sollte als Musiksprache auch vom Hörer spontan verstanden werden. Die Ausführenden hatten diesen musikalischen Sinn zu verdeutlichen und durch Nuancierung das Hauptsächliche vom Nebensächlichen zu scheiden.

Vermittler zwischen Musik und Sprache ist der Sänger vor

---

[2] Artikel »Vortrag« in: Johann Georg Sulzer, Allgemeine Theorie der Schönen Künste, Teil IV, zitiert nach der 2. verbesserten Auflage Leipzig 1779, S. 417

allem dann, wenn die melodische Linie ihre eigene Dynamik besitzt. Die Jesus-Worte »Nehmet, esset, das ist mein Leib« aus dem Rezitativ Nr. 17 der »Matthäus-Passion« Bachs bergen diesen Konflikt Musik-Sprache in sich.

Deutlich ist nach »esset« sowohl sprachlich als auch musikalisch ein Einschnitt zu konstatieren. Nach Schulz sind solche Einschnitte »*die Commata des Gesanges, die wie in der Rede durch einen kleinen Ruhepunkt fühlbar gemacht werden müssen*«. (S. 420). Wie sich »das ist mein Leib« aber eng auf »Nehmet, esset« bezieht, so sind auch die beiden musikalischen Abschnitte nur Teile einer zusammenhängenden melodischen Linie. Der Sänger wird also das Zusammenhängende wie auch das Trennende zu gestalten haben. Dabei hilft ihm der auf den ersten Blick gegen die sprachliche Deklamation opponierende Tonsatz. Faßt man die beiden melodischen Teile als eigenständige Phrasen auf, so fällt nur in der ersten der melodische Höhepunkt mit dem sprachlichen Schwerpunkt zusammen. Die zweite Phrase würde auf das unbedeutende »ist« zustreben, das Wesentliche »mein Leib« aber dynamisch zurücknehmen. Betont man nach dem Sinn des Textes, muß die Dynamik dagegen auf »ist« zurückgenommen werden und sich auf »mein Leib« steigern. Diese anscheinend gegen die melodische Linie gerichtete Version fügt sich allerdings sehr gut in eine Gesamtkonzeption ein, die den Zusammenhang nicht aus den Augen verliert. Nach sich steigerndem Beginn wird der erste dynamische Höhepunkt auf »esset« etwas zurückgenommen, um den Einschnitt zu markieren. Der zweite Teil beginnt mit betontem »das«, direkt an den vorhergehenden dynamischen Höhepunkt anschließend. In der Emphase des folgenden Oktavsprungs schwingt der zweite Höhepunkt schon mit, der sich aber erst auf »mein Leib« auswirkt. Zum Abschluß geht die Stimme dynamisch wieder zurück.

Die dynamischen Höhepunkte decken sich hier wie selbstverständlich mit den Taktschwerpunkten, was — wie Schulz es beschreibt — keineswegs immer der Fall sein muß:

»Die erste Note eines Takts, der nur ein Theil einer Phrase ist, kann nicht so stark marquiret werden, als wenn die Phrase mit ihr anfängt, oder wenn sie der Haupton einer Phrase ist. Diejenigen, die dieses nicht beobachten, sondern in allen Stüken durchgängig die erste Taktnote gleich stark marquiren, verderben das ganze Stük.« (S. 418/19)

Zwischen den Taktschwerpunkten und den melodischen und textlichen Schwerpunkten muß sich der Sänger der jeweiligen Situation entsprechend entscheiden.

Der musikalische Teil einer Vokalkomposition bezieht sich im Regelfall zwar immer auf ihre textliche Grundlage, doch begann er sich in der zweiten Hälfte des 18. Jh. mehr und mehr zu verselbständigen. Die aufblühende Instrumentalmusik verlangte eine musikalische Syntax, die, auch ohne einen sie stützenden Text, in sich stimmig war. Haydn, Mozart und Beethoven wurden Träger dieser Entwicklung. Gleichzeitig begannen die Ästhetiker, Musik als Sprache des Herzens, die tiefe, unbekannte Räume erschließt, von der Ideensprache zu trennen. Die musikalische Struktur mit ihren sinnvoll aufeinander bezogenen Elementen Melodik, Harmonik, Rhythmik und Metrik ist Sinnbild einer im Menschen liegenden Empfindungssprache, die nicht in Worte zu fassen ist. Das Wort mit seiner begriffsbildenden Funktion geht dagegen vom Verstand aus.

Dieser neue Eigenwert der Musik macht Textvertonung zum ästhetischen Idealfall: Musik ist nicht mehr Schmuck der Sprache, sondern ihre notwendige Ergänzung. Denken und Empfinden vereinigen sich im Vokalwerk.

Bachs Passionen und Mozarts späte Opern sind im 18. Jh. Zeugnisse des vertieften Wort-Ton-Verhältnisses. Franz Schubert verwirklichte diese Synthese nach 1814 im Lied, das seitdem den Rang eines Kunstwerks beansprucht. Im 18. Jh. waren die meist schlichten Liedkompositionen an den geselligen häuslichen Kreis gebunden. Erst gegen Ausgang des Jahrhunderts begannen die Komponisten, Text und Musik enger aufeinander zu beziehen und rechneten mit einem differenzierteren sängerischen Vortrag — so etwa die Mitglieder der zweiten Berliner Liederschule Johann Friedrich Reichardt und Carl Friedrich Zelter, der zentrale Musiker der Schwäbischen Liederschule Johann Rudolf Zumsteeg und in Wien Haydn, Mozart und Beethoven. 1796 definierte Reichardt im »Musikalischen Almanach«:

»Das Lied soll der einfache und faßliche musikalische Ausdruck einer bestimmten Empfindung seyn, damit es auch die Theilnahme einer jeden zum natürlichen Gesange fähigen Stimme gestatte; als ein leichtübersehbares kleines Kunstwerk muß es um so nothwendiger ein korrektes vollendetes Ganze seyn, dessen eigentlicher Werth in der Einheit des Gesanges besteht, und dessen Instrumentalbegleitung, wo nicht entbehrlich, doch nur zur Unterstützung des Gesanges da seyn soll.«

Auch 1802 wird im »Musikalischen Lexikon« von Heinrich Christoph Koch noch auf die leichte Singbarkeit hingewiesen und auf die prinzipiell strophische Anlage, denn als Lied

»bezeichnet man überhaupt jedes lyrische Gedicht von mehrern Strophen, welches zum Gesange bestimmt, und mit einer solchen Melodie verbunden ist, die bey jeder Strophe wiederholt wird, und die zugleich die Eigenschaft hat, daß sie von jedem Menschen, der gesunde und nicht ganz unbiegsame Gesangorgane besitzt, ohne Rücksicht auf künstliche Ausbildung derselben, vorgetragen werden kann.«

Bei Schubert sind nicht nur Text und Musik eng aufeinander bezogen, wie schon teilweise im Lied vor ihm, der musikalische Part behauptet seine eigene Dimension und stellt sich selbstbewußt neben den sprachlichen. An den Sänger dieses Liedkunstwerks werden Anforderungen gestellt, die weder ein stimmgewandter Laie noch ein durchschnittlicher Opernsänger bewältigen kann. Er muß seine Stimme nicht nur in allen Lagen vom pp bis zum ff nuanciert einsetzen können, sondern auch dem geistigen und emotionalen Gehalt der Liedvertonung nachspüren und somit beiden sich ergänzenden Bereichen gerecht zu werden versuchen. Nach Thrasybulos G. Georgiades muß der Schubert-Sänger »*als ein Musiker singen und trotzdem, indem er das Gedicht sagt, vergessen, daß er singt*«. (Schubert. Musik und Lyrik, Göttingen 1967, S. 179). »*Der Ton setzt als Ton ein, ist als Musik vorhanden, wird aber im selben Augenblick gleichsam aufgehoben, wird in sprachlich beschaffene Phantasie, in Sprachlaut-Substanz, in »Nennen« verwandelt.*« (S. 145).

Eine auf Verstehen des literarischen und musikalischen Gehalts gegründete Interpretation muß auch das liedästhetische Umfeld mit in Betracht ziehen, um zu begreifen, was ein Lied in der Schubert-Zeit bedeutete. Ein differenziertes Liedverständnis zeigt Johann Wolfgang von Goethe, vor allem in seinen Briefen an den Freund Zelter. Nach ihm soll sich der Komponist darauf beschränken, »*den Hörer in die Stimmung zu versetzen, welche das Gedicht angibt, in der Einbildungskraft bilden sich alsdann die Gestalten nach Anlaß des Textes, sie weiß nicht wie sie dazu kommt*«. (Am 2.5.1820). Andererseits wird aber ein zur Vertonung geeigneter Text »*durch jede Komposition erst vollständig*«. »*Der denkende oder gedachte Enthusiasmus wird nun erst in das freie und liebliche Element der Sinnlichkeit aufgehoben oder vielmehr aufgeschmolzen. Man denkt und fühlt und wird mit hingerissen.*« (21.12.1809). Dabei soll die Musik sich nicht durch Nachahmung oder Malerei in den Vordergrund spielen, sie ist vielmehr »*eine Art Symbolik fürs Ohr, wodurch der Gegenstand, insofern er in Bewegung oder nicht in Bewegung ist, weder nachgeahmt noch gemalt, son-*

dern in der *Imagination auf eine ganz eigene und unbegreifliche Weise hervorgebracht wird, indem das Bezeichnete mit dem Bezeichnenden in fast gar keinem Verhältnisse zu stehen scheint*«. (6.3.1810). Trotz dieser weitgehenden Selbständigkeit der musikalischen Ebene muß nach Goethe sich die Musik dem Gedicht beiordnen, hat die Funktion, seine Wirkung zu erhöhen und »*nimmt nur, wie ein einströmendes Gas, den Luftballon mit in die Höhe*«. (11.5.1820). Die Synthese von Gedicht und Musik liegt aber nicht auf einer äußerlichen Ebene, sondern sie vollzieht sich in der Tiefe des menschlichen Gefühls, vom Verstand nur noch zum Teil faßbar.

E. T. A. Hoffmann beschreibt 1814 den gleichen Verschmelzungsprozeß, stellt aber gleichzeitig den Komponisten deutlicher auf eine Ebene mit dem Dichter.

»Von dem tiefen Sinn des Liedes angeregt, muß der Komponist alle Momente des Affekts wie in einem Brennpunkt auffassen, aus dem die Melodie hervorstrahlt, deren Töne dann, so wie in der Arie die Worte symbolische Bezeichnung des innern Affekts wurden, hier das Symbol aller der verschiedenen Momente des innern Affekts sind, die des Dichters Lied in sich trägt. Um daher ein Lied zu komponieren, das der Intention des Dichters ganz zusagt, ist es wohl nötig, daß der Komponist nicht sowohl den Sinn des Liedes tief auffasse, als vielmehr selbst Dichter des Liedes werde. Der Funke, der im Innern des Dichters das Lied entzündete, muß, wie mit erneuter Kraft, im Innern des Komponisten aufglühen, und mit dem Worte zugleich den Ton wecken, der in der Seele des Musikers wie ein wunderbares, alles in sich schließendes, alles beherrschendes Geheimnis ruht. Das Lied ist gerade die Art Komposition, in der sich durchaus nichts ergrübeln, nichts künstlich bauen läßt; die beste Kenntnis des Kontrapunkts hilft hier nichts; im Momente der Begeisterung springt glänzend und herrlich der Gedanke, der das Ganze ist, hervor, wie die gerüstete Minerva aus Jupiters Haupt.« (Schriften zur Musik, München 1963, S. 238).

Vom »tiefen Sinn« angeregt muß auch der Interpret »im Momente der Begeisterung« das Lied singen, um den »Funken« auf sein Publikum überspringen zu lassen. Hoffmann schreibt — ebenso wie seine Vorgänger — vom Strophenlied, bei dem alle Strophen des Gedichts auf die gleiche Melodie gesungen werden. Der Vortragende hatte die Aufgabe, die Melodie den leicht veränderten textlichen Gegebenheiten der verschiedenen Strophen jeweils neu anzupassen, was die Komponisten im variierten Strophenlied gelegentlich auch selbst besorgten. Jede Strophe musikalisch neu zu fassen, das Gedicht also durchzukomponieren und dadurch Einzelheiten des Textes hervorzuheben — wie es vielfach bei Schubert und später üblich war —, schien der intimen Gattung des Liedes kaum angemessen zu sein. Diese durchkomponierten Gedichtvertonungen wurden, um sie vom schlichteren strophischen Lied zu unterscheiden, dann als »Gesang« bezeichnet.

Nicht jedes Gedicht eignete sich zur Vertonung, sondern nur diejenigen — vom Dichter selbst schon oft »Lied« genannt —, die nicht in sich geschlossen waren. In seinen Beiträgen zur Ästhetik der Tonkunst »Tonleben« schrieb 1838 August Kahlert:

»Es ist nämlich dasjenige Gedicht zur musikalischen Composition am meisten geeignet, welches am meisten der Musik bedarf, um seiner innersten Natur nach verstanden zu werden. Ein solches Gedicht lebt ohne Musik nur ein halbes Leben.« (S. 220)

Wie Goethe fährt er fort:

»Das Lied soll also, wenn es gesungen wird, nicht bloß verstanden, sondern auch empfunden, es soll in seiner wahren Wesenheit begriffen werden.«

1844 wies auch Gustav Nauenburg in der Leipziger »Allgemeinen Musikalischen Zeitung« mit dem Aufsatz »Die neueren Liedercomponisten« auf die besondere Rolle der Musik hin:

»Das componible Gedicht muss nun natürlich musikalischen Gehalt haben, ist aber durchaus nicht ein in sich abgeschlossenes Kunstwerk, sondern erwartet erst seine Vollendung durch die Tonkunst und ist durch musikalische Formalistik bedingt.« (AMZ Leipzig, 46. Jg. 1844, Sp. 746).

Musik und Wort zusammen bilden erst das Kunstwerk, in dem »*der Text die Melodie vergeistigen, und die Melodie den Text*

beseelen soll«. (Sp. 745). Verstand und Gefühl in Zusammenklang zu bringen war nicht nur die große Kunst des Lieder-
komponierens, sondern ist auch die des Liedersingens.

Franz Schubert ließ sich in seinen frühen Liedkompositionen vor allem von den Gedichten Goethes inspirieren. 1816
vertonte er die drei »Gesänge des Harfners« aus Goethes
Roman »Wilhelm Meisters Lehrjahre«, die dieser in veränderter Reihenfolge in seine »Gedichte« aufgenommen hatte. Schubert hielt sich zuerst an diese Reihenfolge, glich sie
aber 1822 in einer neuen für den Druck bestimmten Fassung etwas an die des Romans an, was dem Zyklus größere
Geschlossenheit verlieh. Der nun zentrale mittlere Gesang
»Wer nie sein Brot mit Tränen aß« wurde von Schubert neu
vertont, während der erste »Wer sich der Einsamkeit ergibt«
und der dritte »An die Türen will ich schleichen« auf die
Fassung von 1816 zurückgehen.

Schubert hat sich mit dem Text des zweiten Gesanges also
besonders auseinandergesetzt:[3]

»Wer nie sein Brot mit Tränen aß,
Wer nie die kummervollen Nächte
Auf seinem Bette weinend saß,
Der kennt euch nicht, ihr himmlischen Mächte.

Ihr führt ins Leben uns hinein,
Ihr laßt den Armen schuldig werden,
Dann überlaßt ihr ihn der Pein;
Denn alle Schuld rächt sich auf Erden.«

Im Roman ist der Harfner die innerlich zerrissene, in Schuld
verstrickte, haltlose und somit quasi »romantische« Gegen-
figur zu Wilhelm Meister, der einen »klassisch-idealisti-
schen« Entwicklungsprozeß zur Selbstbeschränkung und
zur Einordnung der Individualität in die Gemeinschaft

---

[3] An dieser Stelle möchte ich meiner lieben Kollegin Christa Jost für die anregen-
den Gespräche beim gemeinsamen Musizieren der besprochenen Goethe- und
Heine-Vertonungen Schuberts danken.

durchläuft. Im zweiten Buch und 13. Kapitel des Romans befindet Wilhelm sich allerdings in einer *»verdrießlichen Unruhe«* und er hofft, daß die Musik des Harfners ihm die *»bösen Geister«* verscheucht. Als er sich dessen Kammer nähert, schallt ihm schon der *»süße Harfenklang«* entgegen, mit dem der fremde Sänger seine Stimme stützt: *»Es waren herzrührende klagende Töne, von einem traurigen ängstlichen Gesange begleitet«* und die *»wehmütige herzliche Klage drang tief in die Seele des Hörers«.* Während der Harfner seinen Lebensschmerz im Gesang auslebt und sein von den »himmlischen Mächten« heraufbeschworenes Schicksal beklagt, ist Wilhelm *»tief gerührt, die Trauer des Unbekannten schloß sein beklommenes Herz auf; er widerstand nicht dem Mitgefühl und konnte und wollte die Tränen nicht zurückhalten, die des Alten herzliche Klage endlich auch aus seinen Augen hervorlockte«.* Durch das Miterleben des Gesanges lösten sich auch bei Wilhelm, dem Zuhörer, alle *»Schmerzen, die seine Seele drückten«* und *»er überließ sich ihnen ganz«.*

An dieser Stelle wird die kathartische Wirkung der Wort-Ton-Kunst deutlich, und zwar als Lösung im tief empfindenden Sänger, der für den Moment des Selbst-Klingens vom Druck befreit ist und, indem er eine bessere Musik-Welt aufbaut, den gleichgestimmten Hörer ergreift und auch dessen Leiden lindert. Mit der Situation des Harfners und der Möglichkeit der Musik, Lebensschmerz für einen Moment zu bannen, konnte Schubert sich direkt identifizieren. 1822, im gleichen Jahr der Neukomposition des Gedichts, hatte er sich in der allegorischen Erzählung »Mein Traum« selbst als unglücklichen, in ferner Gegend wandernden »Harfner« gezeichnet:

»Lieder sang ich nun lange lange Jahre. Wollte ich Liebe singen, ward sie mir zum Schmerz. Und wollte ich wieder Schmerz nur singen, ward er mir zur Liebe.

So zertheilte mich die Liebe und der Schmerz.«

Aus diesem Lebensleid erlöste erst das tiefe Eindringen in die metaphysische Musikwelt: *»und ich fühlte die ewige Seligkeit wie in einen Augenblick zusammengedrängt«*. Schubert transzendiert in eine Kunst-Welt, in der es sich einzig zu leben lohnt. Komponieren ist für ihn deshalb eine Frage der Existenzbewältigung — wie für den Harfner das Singen. Indem durch die Musik ein Stück himmlische Weite auf die Erde strahlt, ist der Mensch für einen Moment aus seiner Enge befreit.

Schubert vertonte die »Gesänge des Harfners« in a-moll — die später auch die Tonart des wesensverwandten »Leiermann« aus der »Winterreise« werden sollte. Der zweite Gesang beginnt mit einem Klaviervorspiel, das zum einen die Tonart umreißt, zum anderen gleichsam frei präludierend und die Harfe durch Arpeggien imitierend in die Situation einführt.

Die Singstimme setzt mit einem rhythmischen Modell ein ♩ | ♩. ♪♩♩ | ♩. ♪♩, das einen Vers des Gedichts umspannt und sich an dessen Metrum orientiert. Der — bis auf Ausnahmen — gleichmäßige Wechsel von Senkung und Hebung der sprachlichen Vorlage bewirkt, daß Schubert von seinem rhythmischen Modell aus die gesamte Komposition gestalten kann.

Im Gegensatz zu Goethe, der die Zeilen 1-3 seiner ersten Strophe zur Einheit zusammenfaßt und den vierten Vers dagegen überraschend abhebt, verbindet Schubert musikalisch je zwei Zeilen miteinander. Ein Vers umspannt — verbunden mit dem rhythmischen Modell — zwei Takte und bildet eine in sich geschlossene musikalische Sinneinheit. Nach der variierten Wiederholung der Phrase beginnt im fünften Takt bereits der melodische Aufschwung zu den »himmlischen Mächten«, die auf dem bis dahin höchsten Ton erreicht werden und auch dynamisch durch ein bis zu ihnen reichendes Crescendo hervorgehoben sind. Gleichzeitig lockert sich der Klaviersatz auf.

kennt euch nicht, ihr himm - li-schen Mäch te.

Der erste Teil der Strophe mit dem wiederholten »Wer nie« symbolisiert wohl einerseits das Fallen der Tränen, andererseits das insgesamt kummervolle Dasein, vor allem in der rhythmisch verschärften zweiten Version — Schubert durchbricht bei »kummervoll« das Versmetrum und intensiviert dadurch den Ausdruck. Bei dieser Anlage ergibt es sich von selbst, daß der Sänger auf »nie« zusingt und mit »aß« bzw. »Nächte« die Phrase jeweils weich abrundet. Der zweite Teil ist eine permanente melodische und dynamische Steigerung mit den Ecktönen h-f, einem Tritonus. Der »auf seinem Bette weinend« sitzende ringt die Hände von Schmerz gepeinigt und verliert auf »himmlisch« völlig die Fassung. Hier wird die eigentlich acht-taktige melodische Anlage um einen Takt gedehnt, kann bei der Stärke der Emotion nicht mehr im geregelten Maß bleiben — was der Vorlage Goethes folgt, der an dieser Stelle auch vom gleichmäßig pulsierenden Versmetrum abweicht. Der Sänger muß bei der Gestaltung dieser fünf Takte darauf achten, daß er im Piano beginnt und die Dynamik nicht zu früh zum Forte steigert, weil sonst die Exaltation auf »himmlisch« für den Hörer nicht völlig nachvollziehbar wird. Der große Bogen klingt bei »Mächte« wieder im Piano aus.

Überraschenderweise folgt in Schuberts Komposition jetzt nicht die zweite Strophe des Gedichts, sondern die erste noch einmal in veränderter Gestalt. In einer drei-taktigen

Überleitung des Klaviers, die an den zweiten Teil des Vorspiels erinnert, lichtet sich das a-moll zum A-dur, inspiriert von den vorausgehenden »himmlischen Mächten«.

In der folgenden variierten A-dur Version der ersten Strophe ist der schmerzliche Ausdruck des Anfangs keineswegs intensiviert. Die Möglichkeit der Erlösung durch die »himmlischen Mächte« und damit für einen Moment auch durch die Musik durchbricht die tragische Grundhaltung. A-dur ist für Schubert nicht nur der gleichnamige lichtere Gegenentwurf zum traurigen a-moll, sondern vertritt symbolhaft die Sphäre des schönen Hoffnungstraums — wie später im »Frühlingstraum« der »Winterreise«. Bis auf den Anfang ist A-dur aber nur latent, als Möglichkeit vorhanden und am Zielpunkt der Entwicklung, den »himmlischen Mächten«, mündet nicht nur die Melodie in eine verklärende Wendung ein, bei der sie das Gefüge diesmal um zwei Takte erweitert, es resultiert auch für einen Moment die idyllische Tonart F-dur.

nie ___ die kum-mer-vol-len Näch - te auf sei-nem Bet-te

wei-nend saß, der kennt euch nicht, ihr himm - li-schen

Mäch - te.

195

Der hellere, hoffnungsvollere Klang dieser zweiten Version der ersten Strophe — den der Sänger auch mit seinem Stimmklang realisieren muß —, und der verklärte Durchbruch zur friedlichen F-dur-Sphäre wird durch den Einsatz der zweiten Strophe zerstört. F-dur entpuppt sich als Dominante zum hinaussehnenden B-dur und bestimmt erst wieder den Vers »Dann überlaßt ihr ihn der Pein« aber nur, um die vorausgegangene Verklärung als Trugbild zu entlarven — wie vorher schon der Doppelschlag auf »schuldig« die Kehrseite zu dem auf »Mächte« aufzuzeigen scheint. Die melodische Entwicklung von »Dann überlaßt ihr ihn« bis »Erden« ist analog zur ersten Strophe als Steigerung konzipiert — diesmal wird der Tritonus c-fis umspannt — mit dem Höhepunkt auf »Schuld«. Goethe verläßt hier wieder die pulsierende Versmetrik und Schubert folgt ihm, indem er »Schuld« dehnt und den dynamischen Höhepunkt bis »rächt« hinauszögert — was auch in der zweiten Strophe eine Ausweitung der Melodie auf neun Takte in Gang setzt. Am Schluß ist wieder — auch dies analog zur ersten Strophe in ihrer ersten Version — das nun trügerische A-dur erreicht, wird aber von dem schmerzlich zerrissenen b-moll zerstört, mit dem die variierte zweite Version der zweiten Strophe beginnt.

Der Harfner schwankt in Schuberts Sicht — und damit geht er weit über Goethe hinaus — ständig zwischen Lebensschmerz und Erlösungshoffnung, wobei der Hoffnungstraum immer wieder durch die Realität als Schein entlarvt wird. Bei der zweiten Version des Verses »Dann überlaßt ihr ihn der Pein« hat er diese Realität offensichtlich für einen Moment hinter sich gelassen, entrückt fast tänzerisch in die himmlische As-dur Sphäre, fällt aber in die a-moll-Wirklichkeit auf »Erden« um so tiefer wieder hinein. Der Ausbruch auf »alle Schuld rächt sich« ist der Höhepunkt des Werkes und markiert den Zusammenbruch des Harfners.

Ihr führt ins Le - ben uns hin - ein, ihr laßt den

Ar - men schul - dig wer - den, dann ü - ber-laßt ihr ihn der

Pein, denn al - le Schuld rächt sich auf Er -

den. Ihr führt ins Le - ben uns hin-

Formal schwankt das Lied bis hier zwischen einem — allerdings verdoppelten — variierten Strophenlied und der die Einzelheiten des Textes hervorhebenden Durchkomposition des Gedichts in der Interpretation Schuberts. Der Sänger muß nun versuchen, aus dem Kern dieser musikalischen Interpretation heraus das Lied zu gestalten, die Dynamik zwischen Pianissimo und Fortissimo sinnvoll zu gliedern, seiner Stimme die nötige Schattierungspalette zu entlocken.

Schubert beendet das Lied mit einer dritten Variante der zweiten Strophe vom zweiten Vers ab im dreifachen Piano.

Der Harfner ist zusammengebrochen, kraftlos und fällt auf
»Erden« bis zum tiefsten Ton des Liedes. Hier, wie auch
sonst in diesem Lied ist dem Sänger zu empfehlen, einer Praxis der Zeit folgend die Punktierungen den Triolen der Begleitung anzugleichen, sonst kommt zu viel Unruhe in den
schlichten Schluß:

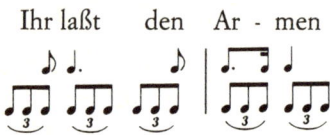

Mit dem letzten Ton der Singstimme ist wieder A-dur erreicht, und das Nachspiel des Klaviers läßt, indem es auf die
Überleitung von der ersten zur zweiten Version der ersten
Strophe verweist, die Hoffnung zumindest in der Musik
noch einmal aufleuchten.

Schubert, der sich mit dem Harfner identifizieren kann,
nimmt das Gedicht Goethes zum Anlaß, die Problematik
von Lebensqual und trügerischer Erlösungshoffnung musikalisch darzustellen. Trotz — und bei Goethe sogar wegen
— der »himmlischen Mächte« ist eine Existenz in dieser
Welt kaum möglich, ohne sich in Schuld zu verstricken. Um
diesem Druck zu entweichen, muß der Mensch sich permanent Traumbilder schaffen, die ihm das Leben erträglich
machen. Ganz bewußt setzt Schubert in seinem Werk symbolische Tonarten ein, die einen psychischen Zustand cha-
rakterisieren sollen — dabei spielt es keine Rolle, ob die Lieder transponiert gesungen werden oder in der Originalton-
art, die Tonartencharakteristik setzt sich in allgemeinen
musikalischen Ausdruck um, der sich in der Struktur widerspiegelt. Der charakteristische Einsatz von Tonarten mit au-
ßermusikalischer Bedeutung war schon zur Zeit von Bach,
Händel, Haydn und Mozart geläufig und Schubert konnte
an diese Tradition anknüpfen. Nach Schubert verlor sich

diese alte Symbolisierungskunst mehr und mehr, und schon Robert Schumann war nur noch geneigt, recht allgemeine Kriterien gelten zu lassen. 1835 schrieb er in seiner Leipziger »Neuen Zeitschrift für Musik«:

»Der Unterschied zwischen Dur und Moll muß vorweg zugegeben werden. Jenes ist das handelnde, männliche Princip, dieses das leidende, weibliche. Einfachere Empfindungen haben einfachere Tonarten; zusammengesetzte bewegen sich lieber in fremden, welche das Ohr seltener gehört. Man könnte daher im ineinanderlaufenden Quintenzirkel das Steigen und Fallen am besten sehen. Der sogenannte Tritonus, die Mitte der Octave zur Octave, also Fis, scheint der höchste Punct, die Spitze zu sein, die dann in den B-Tonarten wieder zu dem einfachen, ungeschminkten C-Dur herabsinkt.«

Zur gleichen Zeit überlieferte Gustav Schilling in seiner »Encyclopädie der gesammten musikalischen Wissenschaften oder Universal-Lexicon der Tonkunst« (Stuttgart 1835-42) die Lehre von den Tonartencharakteren, von der Schubert auch in seinen späten Liedkompositionen noch abhängig war. So sind in den nach seinem Tod im »Schwanengesang« veröffentlichten Heine-Vertonungen Textinhalt, Tonart und musikalischer Ausdruck eng miteinander verquickt. Singt man diese sechs Lieder in der Reihenfolge, wie sie vom Dichter vorgegeben ist — und nicht wie sie vom Verleger nachträglich veröffentlicht wurden —, so resultiert ein kleiner Liederzyklus, der durchaus mit den großen Vorläufern »Die schöne Müllerin« und »Winterreise« verglichen werden kann.

1827 erschienen in erster Auflage die gesammelten frühen Gedichte Heinrich Heines unter dem Titel »Buch der Lieder«, mit denen der junge Dichter wohl auch eine unglückliche Liebe kompensierte. Diese Gedichtsammlung hatte eine Schwemme von Vertonungen zur Folge, so daß im Laufe des 19. Jh. Heine noch vor Goethe zum größten Textlieferanten für die Liederkomponisten wurde. Schubert kam mit dem »Buch der Lieder« offenbar zu Beginn des Jahres 1828 in Berührung, als sein Freundeskreis sich mit Heine zu beschäftigen begann. Aus dem Gedichtzyklus »Die Heimkehr« wählte er sich unter gefühlvoll bis ironischen Texten die seiner eigenen Intention entsprechenden heraus und gab ihnen Überschriften: Nr. 8 »Das Fischermädchen«, Nr. 14 »Am Meer«, Nr. 16 »Die Stadt«, Nr. 20 »Der Doppelgänger«, Nr. 23 »Ihr Bild« und Nr. 24 »Der Atlas«. In diesen Gedichten spiegelt sich konzentriert der Handlungsfaden des Zyklus wider. Sie gehören zu den von ernstem Gefühl gespeisten, sind nicht ironisch gebrochen und haben alle einen Kern, um den die Aussage kreist. Schubert macht diesen Aussagekern zur Grundlage seiner musikalischen Gestaltung.

Die ausgewählten Gedichte sind Stationen einer Reise in die schmerzhaft empfundene Isolation: Der noch in Empfindungen schwelgende Liebhaber — Heine selbst — möchte das sich im Kahn auf den Wellen wiegende Fischermädchen, das natürlich kein echtes Fischermädchen ist, sondern nur die Einfachheit und Natürlichkeit des Gefühls symbolisiert, zu sich an Land locken. Er ist durchaus von sich überzeugt und hat auch Liebesglück, in dem er sich geborgen sonnt. An jenem Abend aber, als sie am »einsamen Fischerhaus« saßen, »stumm und alleine«, wurde aus der Liebelei offenbar ernste unglückliche Liebe, und das unbeschwerte Gemüt vergiftete sich an den vergossenen Tränen. Es folgt der Abschied von der Stadt — gemeint ist Hamburg —, und die Sonne beleuchtet noch einmal die Stelle, wo er »das Liebste« verlor. Bei seiner Heimkehr hat sie die Stadt schon verlassen. Äußerlich hat sich nichts verändert, das Haus steht noch auf »demselben Platz«. Er, der Dichter und leidende Mensch aber hat sich gespalten, steht als sein eigener Doppelgänger noch immer auf der Stelle des Liebesleids und »ringt die Hände«, obwohl äußerlich die Zeit schon längst darüber hinweggegangen ist. Seine anfängliche

Ganzheit existiert nicht mehr. Der ehemalige Liebhaber vegetiert nur noch als schmerzgebrochener »bleicher Geselle« dahin, während die äußere Hülle sich den Gegebenheiten anpaßt. Der Mensch distanziert sich ironisch, um überleben zu können, von seiner eigenen Gefühlstiefe und spaltet sich in zwei Wesen auf. Die tiefe Trauer bricht aber immer wieder durch, »ihr Bildnis« verfolgt den Zerstörten und er »kann es nicht glauben«, daß er sie verloren hat. Schließlich offenbart sich der Liebesschmerz als Weltschmerz, das Leben wird unerträglich und das Herz will »im Leibe« brechen.

Diesem Handlungsfaden entsprechend wählte Schubert für die einzelnen Lieder Tonarten, die — ähnlich wie in den großen Zyklen nach Wilhelm Müller — den Gang in schmerzhaftes Leid symbolisch nachvollziehen. Er beginnt mit dem »Fischermädchen« in As-dur, einer Tonart, von der es in Schillings »Universal-Lexicon« heißt: »*auf den Wellen ihrer Klänge scheinen Geist und Seele sich hinüber zu schaukeln in die Heimath himmlischer und geistiger Wesen*«. (Bd. 1, 1835, S. 295). Es ist aber auch der »*Gräberton*«, »*die Ewigkeit mit allen ihren Geheimnissen, liegen in ihrem Umfange*«. (S. 296). Schubert scheint ganz diese Doppelbödigkeit der Tonart im Sinn gehabt zu haben, in der wiegenden Seligkeit ist bereits der Keim der Verwesung enthalten.

Der Stimmungsumschlag erfolgt in »Am Meer«. Das schlichte C-dur ist von c-moll getrübt, das im folgenden Lied »Die Stadt« aufgegriffen wird. Bei Schilling heißt es für Schubert zutreffend: »*Liebeserklärung und zugleich die Klage einer unglücklichen Liebe spricht aus ihren sanft verschmelzenden Klängen*«. (Bd. 2, 1835, S. 267). Im h-moll des »Doppelgängers« spiegelt sich die Trostlosigkeit, die »*Erwartung des Schicksals*« (Schilling, Bd. 3, 1836, S. 595), das auf das Ende gerichtet ist. Das seltene b-moll von »Ihr Bild« führt nach Schilling »*bis zur Vorbereitung zum Selbstmord*«, es ist »*tiefer, herzzerreißen-*

der Schmerz einer guten Seele«. (Bd. 1, S. 678). Dem Selbstmord nahe steht aus der Tradition auch das g-moll des abschließenden »Atlas«, nach Schilling *»am meisten geschickt zum Ausdrucke bitterer Gefühle«.* (Bd. 3, S. 261).

Die Tonartenfolge As-C-c-h-b-g bewegt sich im Bereich einer chromatisch fallenden Quarte mit c und g als Grenztönen. Als musikalische Figur ist der chromatische Quartfall aber Symbol für den Ausdruck tiefster Trauer und es ist durchaus denkbar, daß Schubert bei der tonartlichen Anlage der Heine-Lieder diese Figur im Sinn hatte. Dann wäre das fehlende a — wie in der »Winterreise« — die Endstation, die im vorliegenden Zyklus aber ausgespart bleibt, und doch zwingende Fortsetzung des offenen Schlusses ist. Das as des Anfangs ist auch in dieser Interpretation doppeldeutig, es schwingt sich trügerisch zum c auf, entpuppt sich aber nachträglich als Leitton zum g.

Der symbolische Gehalt der Tonarten wird durch Transposition in eine andere Tonlage nicht berührt, denn erst in der musikalischen Ausarbeitung konkretisiert sich der Ausdruck. Der Sänger hat das Recht, die Lieder seinem Stimmumfang anzupassen, muß den Klavierklang aber in seine Überlegungen mit einbeziehen. Transpositionen in eine tiefere Lage bis zu einer Terz sind zumeist ohne weiteres möglich — in der Schubert-Zeit war der Kammerton ja auch noch nicht einheitlich festgelegt und die Tonarten bewegten sich nach heutigem Maßstab vorwiegend in tieferen Lagen. Schubert selbst transponierte als Liedbegleiter eigene Kompositionen bereitwillig, und Johannes Brahms veröffentlichte einen großen Teil seiner Lieder in zwei Versionen für hohe und tiefe Stimme. Erst Hugo Wolf soll sich — seine Lieder betreffend — gegen die Transposition ausgesprochen haben. Überhaupt ist zum Ende des 19. Jh. hin die Klangfarbe und das Volumen des Stimmcharakters stärker in die Komposition mit eingegangen. Gleichzeitig weitete sich das Klavierlied — etwa bei Wolf, Gustav Mahler oder Richard Strauss — zum Orchestergesang aus — wie auch die Singstimme in die Symphonik Mahlers fest einbezogen wurde —, der Transposition nicht mehr duldete.

Begreift man Schuberts Heine-Lieder als Zyklus, bei dem die Tonartenfolge — durch die chromatische Anlage — bereits Symbol des Ausdrucks der Lieder ist, dann müssen Sänger und Pianist unbedingt gleichmäßig transponieren, um den Wechsel von Dur zu gleichnamigem Moll und das harte chromatische Nebeneinander auch auf anderen Tonstufen nachvollziehbar werden zu lassen.

Schubert hat aus Heines Gedichtzyklus die Texte ausgewählt, mit denen er sich identifizieren konnte — Heine selbst blieb keineswegs im Weltschmerz stecken — und verknüpfte sie musikalisch zu einer Dichte, die an Konzentriertheit die der »Winterreise« übertrifft. Der Ausdrucksgehalt der Texte — in der Interpretation Schuberts — wird durch das Zusammenwirken von Singstimme und Begleitung musikalisch intensiviert. Das »Fischermädchen« hat als Kern den wiegenden 6/8 Takt, der vom Klavier vorgegeben wird und in den die Singstimme sich einfühlt. Er zeichnet nicht nur das Schwanken des Kahnes nach, sondern deutet auch an, auf welch schwankenden Boden sich der Werbende begibt, der sich mit einer emphatisch aufschwingenden großen Sexte schon kurz vor der Erfüllung seiner Hoffnung glaubt. Die Verse drei und vier der Strophen werden jeweils wiederholt und intensivieren die Werbung. Schubert übernimmt, der scheinbaren Direktheit und Schlichtheit des Liedes angemessen, die strophische Anlage, variiert aber die mittlere der drei Strophen. Zur Unterstützung des naiv Volksliedhaften verläßt er am Beginn der zweiten Strophe die exakte Textdeklamation und führt sein Strophenliedschema weiter, so daß nicht »Leg« betont wird, sondern das nebensächliche »an«. Hier muß der Sänger sich entscheiden, ob er dem Komponisten oder dem Dichter folgen will, doch scheint diese Stelle nicht eine Nachlässigkeit Schuberts, sondern hintergründige Absicht zu sein, denn nach solcher Naivität ist der Fall um so größer.

Nach verschleierten Anfangsakkorden beginnt in »Am Meer« eine nahezu hymnische Melodie, ein letzter Glanz aus der Fülle des Daseins, bevor der Nebel mit seinem Schleier das Leben zudeckt. Diese Melodie, die in zwei Ansätzen die erste Strophe — und dann auch die dritte — ausfüllt, darf nicht durch hörbares Atmen unterbrochen werden. Am besten ist es, die ganze Phrase auf einen Atem zu nehmen, was dann gelingen kann, wenn man nicht die viertel, sondern, wie vorgeschrieben, die halben Noten als langsamen Grundschlag akzeptiert. Die zweite — und dann auch die vierte — Strophe gestaltet Schubert als Kontrast. Im Gegensatz zur verklärten Vergangenheit, in der man noch singen konnte, ist nun Deklamation, vor allem in der vierten Strophe, die adäquate Ausdrucksweise. Durch die tremolierende Klavierbegleitung und das gleiche melodische Material sind der aufsteigende Nebel und das anschwellende Wasser der zweiten Strophe mit dem sich verzehrenden Leib der vierten gekoppelt, das harmlose Naturschauspiel entpuppt sich nachträglich als Sinnbild des Untergangs. Schubert faßt also jeweils zwei Strophen zu einer musikalisch gegensätzlich gestalteten Einheit zusammen, den Strophen eins und zwei korrespondieren drei und vier, so daß zwar der Schein des Strophenliedes erhalten bleibt, die Hälften aber durchkomponiert sind — wie auch sonst das Lied in sich gespalten ist. Bei dem Wort »unglücksel'ge« der vierten Strophe taucht als ein weiteres Resultat des Umschwungs der punktierte Rhythmus auf, der von jetzt ab den Zyklus durchziehen wird. Die »Tränen« des Schlusses sollten im Tempo gesungen werden, dieser Abschied vom Lebenstraum ist alles andere als sentimental.

206

Die »Stadt« beginnt im Baß des Klaviers mit einer Figur, die an einen gedämpften Paukenwirbel mit nachfolgenden Schlägen erinnert. Damit wird die neue trostlos dumpfe Ausdrucksssphäre bekräftigt. Darüber schiebt sich eine Figur, die in ihrem ersten Teil das Kräuseln des Wassers, von dem die zweite Strophe spricht, nachzeichnet und in ihrem zweiten Teil den traurigen Takt der Ruder musikalisch illustriert. Gleichzeitig kann man aber auch die verschwommene Silhouette der Stadt assoziieren. Die Singstimme ist, mehr sprechend als singend, ganz vom punktierten Rhythmus geprägt. Es muß straff und exakt, mit scharfer Punktierung gesungen werden, um der Unerbittlichkeit des hereingebrochenen Schicksals Ausdruck zu verleihen. Die dritte Strophe knüpft thematisch an die erste an, doch führt der formale Hinweis auf vergangene Strophenlied-Naivität ebensowenig weiter wie die Rückerinnerung im Text. Das Entschwindende wird noch einmal beschworen, die »Sonne« leuchtet mit letzter Kraft, aber nur, um den Verlust deutlich vor Augen zu führen. Bei »Liebste« steigern sich Singstimme und Begleitung zum ersten Mal extatisch bis zur klanglichen Grenze.

Im Zentrum des Liederzyklus mit offenem Schluß, also fehlendem letztem Lied, das die Fantasie als imaginäres siebentes hinzufügen kann — Schuberts Tod am 19.11.1828 ist wohl ein eher zufälliger, aber dennoch treffender Abschluß dieses Zyklus —, steht der »Doppelgänger«. Die deklamatorische Stimmbehandlung verbunden mit dem punktierten Rhythmus wird beibehalten. Die psychische Erstarrung findet eine formale Korrespondenz in dem acht-taktigen Ostinato, das den beiden ersten Strophen vier mal unterlegt ist. In der zweiten Strophe scheint das lastende Ostinato durch das Aufbäumen der Stimme nur noch mühsam in der Lage zu sein, dem inneren Schmerz eine äußere Fassung zu geben. Mit der dritten Strophe ist denn auch die innere und äußere Fassung zusammengebrochen, das Ostinato hat sich zugunsten einer chromatischen Aufwärtsbewegung aufgelöst und das starre Tempo beschleunigt sich zunehmend. Aus diesem gewaltigen Gefühlsausbruch resultiert die einzige Kantilene des Liedes, in der für einen kurzen Moment die »alte Zeit« noch einmal zur musikalischen Gegenwart wird, bevor der abschließende Ostinatoanklang zur dumpfen Erstarrung zurückführt.

»Ihr Bild«konzentriert zum letzten Mal die Spannung zwischen sprachgezeugter Deklamation als Unfähigkeit zum Gesang durch Gefühlserstarrung und gelöster Kantilene bei der Rückerinnerung. Der gleichsam gesprochene Anfang mündet in den unerbittlich punktierten Rhythmus. Zum Gesang kommt es erst, als das »gliebte Antlitz« zu »leben« beginnt, die Vergangenheit das gegenwärtige Leid verklärt. Die zweite Strophe steht ganz im Zeichen dieser verklärenden Vergangenheit und in der Stimme des Sängers muß das wohlige Eintauchen in eine verflossene Zeit als helles, schwebendes Piano aufleuchten. Um so stärker wirkt der Umschlag in die Gegenwart der dritten Strophe. Musikalisch ist sie eine Reprise der ersten, doch nur, um deren Einmünden in die Kantilene als Schein zu entlarven. Der lastende Anfang ist wieder ins Bewußtsein getreten, doch die Kantilene der ersten Strophe wandelt sich bei den Worten »Und ach, ich kann es nicht glauben, daß ich dich verloren hab'!« zur dramatischen Deklamation. Die Unerbittlichkeit der Gegenwart wird durch das Nachspiel des Klaviers, das zu den Schlägen des »Atlas« überleitet, bekräftigt.

Im »Atlas« wird die Realität übermächtig. Punktierter Rhythmus verbunden mit dramatischer Deklamation beherrschen das ganze Lied. An die beiden Strophen hängt Schubert als Schlußsteigerung noch den Anfang der ersten an, und die unerträgliche Qual des brechenden Herzens macht sich auf dem höchsten Ton des gesamten Zyklus bei dem Wort »Schmerzen« luft. Eine weitere Steigerung des Ausdrucks ist kaum denkbar, die Rückkehr zum schönen Traum nicht mehr möglich.

Die Heine-Vertonungen markieren einen Höhepunkt in der Geschichte des Liedes, voll wird mit ihnen eingelöst, was Georgiades in seinem Schubert-Buch über den Liederkomponisten schrieb: »*Bei Schubert wird das Gedicht gleichsam getilgt und als musikalische Struktur neu geschaffen; die Musik erhält Verbindlichkeit dadurch, daß das Wesentliche nun als Musik realisiert wird.*« Und weiter: »*Schuberts Musik ist kein Gehäuse, kein »Vehikel« für die Substanz, sondern die Substanz selbst.*« (S. 34).

Mit der Hinwendung Robert Schumanns zur Liedkomposition 1840 trat der Versuch einer Synthese von Musik und Dichtung erneut ins Bewußtsein. Der musikalisch-instrumentale Anteil rückte von jetzt ab aber immer mehr in den Vordergrund. In der musikalischen Sphäre findet die wesentliche Vertiefung des Textes statt, ohne daß, wie beim »Lied ohne Worte«, die Singstimme als Verbindungsglied zur Sprache entbehrlich wäre. Musik hat auch im Lied die Funktion, das mit Worten nicht Darstellbare zum Ausdruck zu bringen. Diesem Ideal der Ergänzung von Sprache durch Musik — aber im Gegensatz zur Liedkomposition vor Schubert mit deutlichem Gewicht auf dem eigenständigen musikalischen Anteil — folgten, wenn auch auf jeweils eigene Weise, so bedeutende Liederkomponisten der zweiten Hälfte des 19. Jh. wie Johannes Brahms, Hugo Wolf, Gustav Mahler und Hans Pfitzner. Durch Arnold Schönberg und seine Schüler Anton Webern und Alban Berg wurde das Lied zu Beginn des 20. Jh. in die allgemeinen Auflösungstendenzen der Tonalität mit einbezogen und verlor im Folgenden die Bedeutung als eine wesentliche musikalische Gattung.

Weiterführende Literatur

Bartel, Dietrich: Handbuch der musikalischen Figurenlehre, Laaber 1985

Budde, Elmar: Analyse und Interpretation, in: Funk-Kolleg Musik Bd. 1 (Hrsg. C. Dahlhaus), Frankfurt 1981, S. 96-129

Dahlhaus, Carl (Hrsg.): Die Musik des 18. Jh. (Neues Handbuch der Musikwissenschaft Bd. 5), Laaber 1985

Damman, Rolf: Der Musikbegriff im deutschen Barock, Laaber 1984 (2. Aufl.)

Dürr, Walther: Das deutsche Sololied im 19. Jh. Untersuchungen zu Sprache und Musik, Wilhelmshaven 1984

Eggebrecht, Hans Heinrich: Sinn und Gehalt. Aufsätze zur musikalischen Analyse, Wilhelmshaven 1979

Heinrich Schütz. Musicus poeticus, Wilhelmshaven 1984 (verbesserte und erweiterte Neuausgabe)

Georgiades, Thrasybulos G.: Schubert. Musik und Lyrik, Göttingen 1967 (1979 2. Aufl.)

Gruber, Gernot: Musikalische Rhetorik und barocke Bildlichkeit in Kompositionen des jungen Haydn, in: Der junge Haydn (Beiträge zur Aufführungspraxis Bd. 1, Hrsg. Vera Schwarz), Graz 1972, S. 168-191

Krones, Hartmut/Schollum, Robert: Vokale und allgemeine Aufführungspraxis, Wien 1983

Ruhnke, Martin: Musikalisch-rhetorische Figuren und ihre musikalische Qualität, in: Ars Musica, Musica Scientia. Festschrift Heinrich Hüschen zum 65. Geburtstag (Hrsg. Detlef Altenburg), Köln 1980, S. 385-399

Schmitz, Arnold: Die Bildlichkeit der wortgebundenen Musik Johann Sebastian Bachs, Laaber 1980 (Nachdruck)

Schwab, Heinrich W.: Sangbarkeit, Popularität und Kunstlied. Studien zu Lied und Liedästhetik der mittleren Goethezeit 1770-1814, (Studien zur Musikgeschichte des 19. Jh. Bd. 3), Regensburg 1965

Stoll, Albrecht D.: Figur und Affekt. Zur höfischen Musik und zur bürgerlichen Musiktheorie der Epoche Richelieu, (Frankfurter Beiträge zur Musikwissenschaft Bd. 4), Tutzing 1983 (3. revidierte und ergänzte Auflage)

Unger, Hans-Heinrich: Die Beziehungen zwischen Musik und Rhetorik im 16.-18. Jh., Hildesheim 1982 (3. Auflage)

Ausblick

Tendenzen der Vokalmusik
im 20. Jahrhundert

»In der Vokalmusik des letzten Jahrzehnts ist viel passiert. Insgesamt dies, daß alle möglichen Äußerungsformen der menschlichen Stimme in die Musik einbezogen werden. Da röhrt es und lallt's, Aufschreie ertönen und Gelächter; es wird gejohlt, losgeheult, aber auch sirenenhaft gesungen. Sänger fauchen, zischen, keuchen; bringen erstickende Laute hervor; sie sprechen aber auch — normal, gefühlvoll, exaltiert, mühsam buchstabierend —, oder sie verlieren die Sprache und bilden durch sinnlose Laute den Übergang in Gesang. Solche Praktiken gehen über das, was bis in die sechziger Jahre in Vokalmusik üblich war, weit hinaus. Die Stimmen werden von den Konventionen des Kunstgesangs freigemacht, also entfesselt...

Die Vokalisten haben viel Ungewohntes zu tun: unprofessionell agieren, mehr in eigener Verantwortung handeln als bisher, musikalisch selbst produktiv werden. Jeder Sänger, der sich erstmals mit derartiger Musik befaßt, leistet zunächst Widerstand; wenn indes die Bewältigung des Geforderten gelingt, schlägt die feindselige Stimmung um, ja die Vokalisten beginnen im neuen Ton aktiv zu werden.«[1]

Was 1970 der Komponist Dieter Schnebel für die Vokalmusik der 60er Jahre konstatierte, bezeichnet bereits das Endstadium einer sprachlich-musikalischen Krise, die um die Wende vom 19. zum 20. Jh. offenbar wurde. Im Laufe des 19. Jh. war den sensiblen Dichtern die Sprache immer brüchiger geworden, die Einheit von Wort und Bedeutung, Spre-

---

[1]   Dieter Schnebel: Sprech- und Gesangsschule. (Neue Vokalpraktiken), in: Melos 4/1972, S. 198

chen und Denken schien nicht mehr gewährleistet. Die sprachlichen Begriffe schillerten in solcher Bedeutungsvielfalt, daß sie nicht mehr in der Lage schienen, das, was ausgedrückt werden sollte, auch zu bezeichnen. Sprache vermoderte und sank zur bloßen Konvention herab, die zur Vermittlung der Gedanken kaum mehr taugte.

Gegen Ende des Jahrhunderts neigten viele Dichter dazu, ihre Werke nach musikalischen Kriterien zu strukturieren — bis hin zur endgültigen Musikalisierung der Sprache in der DADA-Bewegung um 1916 —, wobei Musik nicht zuletzt in romantischem Sinn als Sprache begriffen wurde, die als einzige noch vom Wesentlichen redete. Schon bei den Liedvertonungen im 19. Jh. waren die Komponisten ja immer mehr dazu übergegangen, die musikalische Sphäre der Wort-Ton-Verbindung zu verselbständigen und dadurch das Gedicht zu transzendieren. Doch dieses Einswerden von Sprache und Musik durch einfühlsame Vertonung und gleichzeitig musikalische Ausdeutung und Weiterdichtung des Textes geriet im ersten Jahrzehnt des 20. Jh. selbst in eine Krise. Der schöne Schein einer in sich stimmigen harmonischen Welt, in den sich ein großer Teil der Künstler zurückgezogen hatte, zerbrach am Bewußtwerden der realen Lebenssituation. Kunst liefert nicht mehr die Utopie einer großen Harmonie, sondern versteht sich als Protestaktion gegen eine militaristische und kapitalistische bürgerliche Gesellschaftsform. Der für den musikalischen Umbruch zentrale Komponist Arnold Schönberg schrieb 1910:

»Kunst ist der Notschrei jener, die an sich das Schicksal der Menschheit erleben. Die nicht mit ihm sich abfinden, sondern sich mit ihm auseinandersetzen. Die nicht stumpf den Motor »dunkle Mächte« bedienen, sondern sich ins laufende Rad stürzen, um die Konstruktion zu begreifen. Die nicht die Augen abwenden, um sich vor Emotionen zu behüten, sondern sie aufreißen, um anzugehen, was angegangen werden muß. Die aber oft die Augen schließen, um wahrzunehmen, was die Sinne nicht vermitteln, um innen zu schauen, was nur scheinbar außen vorgeht. Und innen, in ihnen, ist die Bewegung der Welt; nach außen dringt nur der Widerhall: das Kunstwerk.«

Der beruhigende metaphysische Schein wird von der »Wahrheit« abgelöst, die sich im konzentrierten Ausdruck eines Gefühls bis hin zum Schrei äußert. Sprache wird kaum mehr im alten Sinne vertont, sondern bildet den Rahmen einer gesteigerten musikalischen Emotionalität und Expressivität. Der menschlichen Stimme fielen in diesem neuen Kunstwerk mehr und mehr unkonventionelle Aufgaben zu, die zum Teil von den Prinzipien des alten Belcanto-Ideals abrückten und den Sängern damit den Zugang zur neuen Musik erschwerten.

Zu den ersten Vokalkompositionen, die mit dem Ideal der schönen Stimme brach, zählt Schönbergs »Pierrot Lunaire« op. 21 von 1912. Grundlage der Komposition bilden drei mal sieben Gedichte des französischen Literaten Albert Giraud in der deutschen Übersetzung von Otto Erich Hartleben. Im Gegensatz zu früheren Beispielen im Sinne der neuen musikalischen Ästhetik — etwa den Vertonungen von 15 Gedichten für Singstimme und Klavier aus Stefan Georges »Buch der hängenden Gärten« op. 15 oder dem Monodram für Sopran und Orchester »Erwartung« op. 17 (beide 1909 vollendet) — ist der »Pierrot Lunaire« weder für eine konventionelle Singstimme, noch für den üblichen Begleitapparat konzipiert. Im Mittelpunkt steht eine deklamierende Frauenstimme, die sich zwischen Singen und Sprechen bewegt. Diese Zwischenform notierte Schönberg mit durchkreuzten Notenhälsen. Im Vorwort zur Partitur versuchte er, seine Intention zu verdeutlichen:

»Der Gesangston hält die Tonhöhe unabänderlich fest, der Sprechton gibt sie zwar an, verläßt sie aber durch Fallen oder Steigen sofort wieder. Der Ausführende muß sich aber sehr davor hüten, in eine »singende« Sprechweise zu verfallen. Das ist absolut nicht gemeint. Es wird zwar keineswegs ein realistisch-natürliches Sprechen angestrebt. Im Gegenteil, der Unterschied zwischen gewöhnlichem und einem Sprechen, das in einer musikalischen Form mitwirkt, soll deutlich werden. Aber es darf auch nie an Gesang erinnern.«

Die Schwierigkeit des Vortrags besteht also darin, Tonhöhen zwar zu treffen, doch nicht ins Singen zu verfallen — dabei muß auch noch die Rhythmik beachtet werden, die aber nicht im musikalischen Sinn durch Aushalten der Notenwerte ausgeführt werden kann. Schönberg beabsichtigte wohl eine exaltierte Deklamation mit einem Erreichen der Tonhöhe aus der Emphase der rhythmisierten Sprache heraus.

Die »Begleitung« wird von einem kammermusikalischen Ensemble, bestehend aus Klavier, Flöte (auch Piccolo), Klarinette (auch Baßklarinette), Violine (auch Viola) und Violoncello gebildet. In jedem der 21 Gedichte sind diese Instrumente neu kombiniert, so daß sich ein reichhaltiges, für das 20. Jh. typisches Klangfarbenspektrum ergibt.

Schönbergs »Pierrot Lunaire« — von dem ein Kritiker nach dem ersten Hören schrieb: »*Wenn das die Musik der Zukunft ist, dann bitte ich meinen Schöpfer, mich eine zweite Aufführung nicht erleben zu lassen!*« — öffnete den Weg zu einer unkonventionellen Behandlung der Sing- und Sprechstimme im musikalischen Kunstwerk des 20. Jh. Er beeinflußte nicht nur direkt seinen Schüler Alban Berg, der diese Art der Deklamation in die Oper »Wozzeck« aufnahm, wo sie neben traditionellem Gesang steht, sondern auch Igor Strawinsky. In den eher an die Tradition anknüpfenden Vokalkompositionen Schönbergs und Bergs steht der Text zwar noch im Zentrum, doch ist die gewohnte gut singbare Melodiebildung einer unruhigen, sprunghaften Bewegung gewichen, die zum expressiven Inhalt in enger Beziehung steht. Typisch für diesen Gesangstil ist Schönbergs »Erwartung«, in der die Musik den psychischen Ausnahmezustand einer Frau nachzeichnet, die nachts im Wald nach ihrem Gelieb-

214

ten sucht und ihn schließlich erschlagen auffindet. Die Komposition basiert zwar im traditionellen Sinne auf der Textdeklamation, doch setzt die Rhythmik sich über Taktstriche hinweg, die Dynamik wechselt zwischen Extremen, und große, ungewohnte Intervallsprünge lassen spontane Vertrautheit kaum aufkommen.

Dieses Komponieren expressiv-zerrissener melodischer Linien wird in Anton Weberns vokalem Spätwerk, den Kantaten op. 29 für Sopransolo, Chor und Orchester 1939 und op. 31 für Sopran- und Baßsolo, Chor und Orchester 1941/43 zugunsten eines durchorganisierten Tonsatzes aufgegeben. Das Wort ist als Baustein in die Konstruktion der Komposition mit einbezogen.

Damit beginnt ein neues Verhältnis zwischen Sprache und Musik Gestalt anzunehmen, das in den 50er Jahren die avancierte Vokalmusik trägt. Sprache wird zum Material, das, wie anderes Material auch, in den musikalischen Prozeß einbezogen ist. Der Tonsatz konstituiert sich nicht mehr in herkömmlicher Weise aus dem semantischen Sinn des Textes heraus, sondern saugt die Bedeutung in sich auf.

Ein zentrales Werk dieser Phase ist »Le Marteau sans maître« für Altstimme und sechs Instrumentalisten (Altflöte, Bratsche, Gitarre und diverse Schlaginstrumente) von Pierre Boulez aus dem Jahr 1954 (Neufassung 1957). Der Komponist knüpfte sowohl an Schönbergs »Pierrot Lunaire« wie an Weberns Kantaten und die melodische Flexibilität des späten Claude Debussy an. Die neun Stücke haben drei Gedichte von René Char zur Grundlage und bilden so drei Zyklen. Boulez bemerkte dazu:

»Die Titel der drei Gedichte lauten: »L'Artisanat furieux«, »Bourreaux de solitude« und »Bel édice et les pressentiments«. Aber nicht bei jedem Stück ist die Mitwirkung der Singstimme obligatorisch, im Gegenteil: ich mache einen Unterschied zwischen Stücken, in die das Gedicht unmittelbar eingegangen ist und durch die Stimme zum Ausdruck kommt, und zwischen Durchführungs-Stücken, bei denen die Stimme im Prinzip keinerlei Rolle mehr spielt.«[2]

Die Altstimme ist je nach der musikalischen Notwendigkeit vom Singen bis zum Sprechen in den Ablauf einbezogen. Jedem Zyklus liegt ein Gedicht zugrunde, das auf verschiedene Weise in die Musik eingeht. Das erste wird direkt in Musik gesetzt. Es erklingt ohne Unterbrechung in einem von der Flöte begleiteten ausgezierten Stil. Das zweite Gedicht hat anderen Einfluß auf die Struktur, es »*dient zur Artikulation der Großabschnitte innerhalb der Gesamtform*«. (S. 458). Gesang und instrumentale Umgebung stehen im Widerstreit. Das dritte Gedicht löst diesen Widerstreit auf

»in eine vollkommene Kompositions-Einheit zwischen Stimme und Instrumenten; beide sind durch die gleiche musikalische Struktur aneinander gebunden: die Stimme hebt sich periodisch aus dem Ensemble heraus, um den Text auszusagen... Wenn die letzten Worte des Textes ausgesprochen sind, geht die Stimme — bei geschlossenem Mund — in das Instrumentalensemble ein und entsagt ihrer eigentlichen individuellen Fähigkeit: das Wort artikulieren zu können; sie sinkt in die Anonymität zurück... das Gedicht bildet das Zentrum der Musik, aber es ist aus der Musik verschwunden, so wie die Form eines Gegenstandes durch die Lava festgehalten wird, wenngleich der Gegenstand selbst nicht mehr vorhanden ist — oder auch so, wie die Versteinerung einen Gegenstand gleichzeitig kenntlich und unkenntlich macht.« (S. 458/59)

Auch in einem weiteren großen Vokalwerk »Pli selon pli«, Portrait de Mallarmé für Sopran und Orchester (1957-62) führt Boulez die Stimme vom Sprechen bis zum Ziergesang. Im Zentrum des Werkes stehen drei Sonette des Dichters Stephane Mallarmé. Bei der Verarbeitung des dritten Sonetts in der »Improvisation III« bleibt die Form offen. Der Dirigent kann unter verschiedenen komponierten Variablen wählen.

Improvisatorische Haltung ganz anderer Art kennzeichnen zwei zentrale Vokalkompositionen der 60er Jahre, György

---

[2] Pierre Boulez: Sprechen, Singen, Spielen, in: Melos 11/1971, S. 458

Ligetis »Aventures« 1962 und »Nouvelles Aventures« 1962-65 für drei Sänger (Sopran, Alt, Bariton) und sieben Instrumentalisten (Flöte, Horn, Schlagzeug, Cembalo, Klavier, Celesta, Violoncello und Kontrabaß sowie einige nicht-instrumentale Schallerzeuger wie Papier oder Holz). Ligeti verzichtet auf die Verwendung einer semantischen Sprache zugunsten einer Kunstsprache ohne feste Begrifflichkeit, die nur noch ritualisierte menschliche Affekte vermittelt, ohne daß eine bestimmte Handlung nachvollzogen werden könnte. Die drei Sänger führen eine absurde, auf Phonemen beruhende Konversation, in der eine unmittelbare, sprachlich ungeglättete Innenspannung (Schrei, Wollust, Ekel usw.) in den Mittelpunkt rückt. Trennung zwischen Musik und Sprache ist hier nicht mehr möglich, die Artikulationsfähigkeit des Menchen wird in die musikalischen Prozesse und Strukturen integriert.

(Beispiel aus »Aventures«, veröffentlicht bei C. F. Peters)

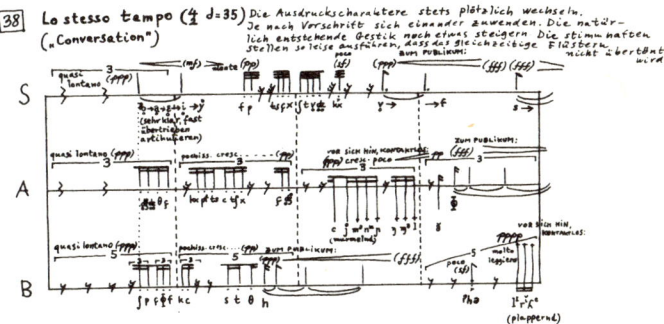

Ligeti benutzt 119 Laute (61 Vokale und 58 Konsonanten) aus dem internationalen Phonetischen Alphabet, die scheinbar sinnlos miteinander kombiniert werden. Für die Sänger sind Tonhöhen oft nur relativ (hoch-mittel-tief) angegeben, im Wechsel mit exakt notierten Passagen. Das Instrumentarium unterstützt die vokalen Vorgänge oder imitiert sie. Die Funktionen von Stimme und Instrumenten gleichen sich so einander an. Der fehlende sprachliche Sinn findet einen Ausgleich durch das Einbeziehen theatralischer Elemente. Das Notenbild ist mit verbalen Anweisungen überladen, die auf die theatralischen Elemente der imaginären Musikhandlung hinweisen. In den »Nouvelles Aventures«, einer Fortsetzung der konzertanten »Aventures« ist denn auch äußerlich der Weg zum Musiktheater geöffnet.

Parallel zu Ligeti bezog auch Dieter Schnebel Artikulations- und Atemprozesse in die musikalische Gestaltung mit ein, die sich zur eigenständigen kompositorischen Schicht ausweiten. Nach ihm wird nicht mehr *vom vorgegebenen Laut ausgegangen, sondern von Prozessen ihrer Hervorbringung*. Zu seiner Komposition »Maulwerke« (1968-1974), einem Produktionsprozeß für Artikulationsorgane und Reproduktionsgeräte bemerkte er:

»In »Maulwerke« ist Artikulation auf sich selbst gestellt. Hier äußert sich Inhalt überhaupt nicht mehr vermittelt, durchs Vehikel eines noch so rudimentären Textes, sondern direkt. Sprache wie Inhalt entstehen in der Artikulation. Wenn beispielsweise in einer Phase der Mund verschlossen bleibt, also die Lauterzeugung sich im Innern abspielt, so spricht die Sprache des zurückgezogenen Ichs, in deren Lauten sich womöglich verborgenste Regungen kundtun. Ist aber wie in einer anderen Phase ständig mit weitaufgerissenem Mund und aus vollem Hals zu agieren, mögen Aggressionen einen Ausgang finden und Protest, erlittene Qual oder auch Begeisterung nicht nur aus- sondern geradezu herausgedrückt werden. In solcher Körpersprache haben nicht nur die Laute, die aus dem Mund herauskommen, ihre Bedeutung, sondern auch die erzeugenden Organe selbst — die Mundstücke, die bei aggressiven Äußerungen einem gleichsam entgegengeschleudert werden oder bei traumatischen einem mehr wie Trümmer begegnen. Das potenziert die übliche Sprache, wo hauptsächlich mit Hilfe akustischer Symbole geredet wird, zu einer Sprache, die Ausdruck insgesamt einschließt.« (Sprech- und Gesangsschule, S. 205/06)

Ähnliche Zielsetzungen verfolgte in den 60er Jahren auch der Komponist Luciano Berio in seinen Vokalwerken. Bei den »Circles« (1960) für Frauenstimme, Harfe und Schlagzeug auf Verse von Edward Estlin Cummings wird sowohl der Sprachlaut als Teil der musikalischen Struktur eingesetzt — aber auch das Singen mit geschlossenem Mund — als auch Gestik und Bewegung der Sängerin, d.h. es werden theatralische Aspekte mit in die Konstruktion einbezogen. In »Sequenza III« für Frauenstimme (1965) ist ein Kompendium vokaler Möglichkeiten aufgeboten, vom Sprechen — notiert auf einer einzelnen Linie — bis zum Singen. Die auf den affektiven Vortrag hinzielenden Anweisungen deuten die Fülle des Ausdrucks an, den die Sängerin auch gestisch und mimisch zu realisieren hat. 1974/75 weitete Berio diese Tendenz in »A-Ronne« auf einen Satz für acht Sänger (doppeltes Vokalquartett) aus, deren Aktionen darin bestehen, Szenen aus dem Alltagsleben oder zwischenmenschliche Beziehungen darzustellen.

Flossen bei Ligeti, Schnebel und Berio musiktheatralische Momente in die Vokalkompositionen mit ein, so ist der zentrale Komponist einer »szenischen Musik«, die nicht mehr Funktion der Bühne ist — wie in der Oper —, sondern die Szene sich aus der musikalischen Struktur fast zwangsläufig herausschält, Mauricio Kagel. In »Anagrama« für vier Gesangssoli, Sprechchor und Kammerensemble (1957/58) wechseln die Solisten im Vortrag zwischen Gesang und Sprechgesang. Auch hier ist Sprache nur Kompositionsmaterial, das Wort ist nicht Sinn- sondern Klangträger bis hin zur Wortneubildung. Die Tendenz zur Szene ist — wie später bei Ligeti — immer vorhanden. 1959/60 wandelt sich diese imaginäre Szene in »Sur scène« für Sprecher, Mime, Sänger und drei Instrumentalisten zu einem realen kammermusikalischen Einakter, in dem die Sprache musikalischen Gesetzen unterworfen wird. Die Wortkaskaden wirken wie Klangereignisse, wozu sich Kommentare des Sängers und der Instrumentalisten gesellen. In »Phonophonie« für zwei Stimmen und andere Schallquellen (1963) ist der

Stimm- und Sprachverfall eines imaginären Sängers dargestellt. Den kulturellen Verfall karikiert auch die umfangreiche Komposition »Staatstheater« (1967-71). In dem Abschnitt »Ensemble« werden beispielsweise die standardisierten Bühnenmanieren der Sänger ironisch beleuchtet — und zugleich das Publikum, das dieses hohle Theaterpathos auch noch besonders beklatscht. In dieser Anti-Oper verzichtet Kagel auf eine konventionelle Handlung, im Zentrum steht vielmehr die Kritik an der überlieferten Gattung Oper — bzw. was aus ihr gemacht wird — als einer abgehobenen und verlogenen Welt des schönen Scheins.

Die alte Opernform, die sich als Literaturoper, vor allem aber bei Richard Strauss ins 20. Jh. hinüberrettete, interessierte die avancierten Komponisten wenig. Expressive Ausnahmewerke: »Salome« (1905) und »Elektra« (1909) von Strauss oder »Wozzeck« (1925) von Alban Berg führten ebensowenig zu einer umfassenden Erneuerung der Gattung, wie musikdramatische Experimente der 20er und 30er Jahre bei Paul Hindemith, Ernst Krenek und Kurt Weill.

Eine völlig unkonventionelle, äußerst komplizierte Oper »Die Soldaten« nach Jakob Michael Reinhold Lenz, 1958-60 komponiert von Bernd Alois Zimmermann, läßt allerdings vielfältige Möglichkeiten auch dieser Gattung ahnen. Mehrere zeitliche Schichten fallen in diesem musikalischen Labyrinth übereinander. Vergangenheit, Gegenwart und Zukunft wirken zusammen, so daß es dem Zuschauer unmöglich ist, alle Ereignisse gleichzeitig aufzunehmen, er muß eine persönliche Wahl treffen. Die Bühnenaktionen, bei denen gesungen, gesprochen, geflüstert, geschrien, getanzt werden, sind von einem damit kombinierten Filmgeschehen durchdrungen. In Zimmermanns »totalem Theater« spielt ebenso wie in Kagels szenischen Kompositionen das Sehen neben dem Hören eine entscheidende Rolle.

Dagegen ist die neue Form der Funk-Oper ganz auf den Bereich des Hörens angewiesen, was zu anderen musikalischen Ergebnissen führen muß. Mit »Der Fall van Damm« orientierte sich der Komponist Hans Ulrich Engelmann 1966/67 an der wahren Begebenheit, daß ein zum Tode verurteilter Mann mehrfach auf den elektrischen Stuhl geführt wurde, die Hinrichtung in letzter Minute jedoch immer wieder aufgeschoben wurde. Zur Realisation der Komposition bemerkte Engelmann:

»Kann eine »Vertonung« solch einer textlichen Struktur gerecht werden? Sie kann es nicht mehr seit den Tagen, als Sprache selbst zu Musik sich entfächerte, als sie im Netz kompositorischer Konstellationen phonetisch zerging. Das war an Lyrik und synthetischem Wort ausprobiert, hatte Methode weit mehr als alle »Vertonung«. Hier aber im »Fall van Damm« ging es um das Gegenüber eines realistischen Textes. Und: wie war dieser mit Musik zu verquicken? Wortverständlichkeit ist in der Vokalmusik, wie wir alle wissen, keine Selbstverständlichkeit, für eine Funk-Oper jedoch Postulat. So faßte ich folgenden Entschluß: Ich komponierte keine reine Gesangsoper, sondern vorwiegend eine musikdeklamatorische, von Instrumenten durchwirkte Szenik: Drei Vokalpartien werden flexibel bis improvisatorisch vorgetragen, sie bewegen sich oft frei, nach grafischen Stimulantien, über dem Instrumentarium.«[3]

Die erneute Frage nach dem Einbeziehen vermeintlich schon überlebter Mittel in die musikalische Struktur mußten sich schließlich auch die Komponisten mit ausgeprägtem politischem Sendungsbewußtsein stellen. Luigi Nono machte 1964 mit »La fabbrica illuminata« auf die schlechten Arbeitsbedingungen der Stahlwerk-Arbeiter aufmerksam. Die Aufführungssituation spiegelt die Unterdrückung des Menschen durch die Technik. Eine Sopranistin sieht sich allein vier Lautsprechern gegenüber, die ein präpariertes Ton-

---

[3] Zitiert aus Ursula Stürzbecher: Werkstattgespräche mit Komponisten, München 1973, S. 196

band wiedergeben. Die Solistin singt nach ihrer notierten Stimme gegen das Tonband. In der Singstimmbehandlung knüpft Nono bewußt an die Belcanto-Tradition an, die in schroffem Gegensatz zu den Klängen des Gerätes steht.

Hans Werner Henze hat — wie Engelmann — mit seinem 1969/70 komponierten »El Cimarrón« für Bariton, Flötisten, Gitarristen und Schlagzeuger die konkrete Geschichte eines entlaufenen Sklaven (in 15 Szenen) zu erzählen. Die Musik konkretisiert die dem Text innewohnenden Inhalte und Ausdruckswerte klanglich im Sinne von Tonmalerei oder Textinterpretation. Die Stimme selbst ist entweder exakt notiert oder die Tonhöhen sind frei zu wählen. Auch werden Tonhöhen angegeben, Rhythmus und Lautstärke müssen aber nach den Erfordernissen des Textes ergänzt werden. Sprechgesang und Sprechen auf unbestimmten Tonhöhen erweitern die Stimmbehandlung. Auch hier ist — wie bei den meisten neueren Partituren — vor der Beschäftigung mit dem Werk die jeweilige Zeichenerklärung des Komponisten eingehend zu studieren. Erst dann erschließen sich die Intentionen. Die Zeichen sind auf die jeweilige kompositorische Absicht abgestimmt, so daß mit einem Wechsel von Komponist zu Komponist und von Werk zu Werk gerechnet werden muß.

Henze will nicht die brüchig gewordene Sprachvertonung musikalisch restaurieren, sondern einen vorerst noch utopischen neuen Anfang des Verstehens setzen — eine Tendenz, die gleichzeitig auch beim späten Bernd Alois Zimmermann in seiner ekklesiastischen Aktion für Baßsolo, zwei Sprecher und Orchester »Ich wandte mich und sah an alles Unrecht, das geschah unter der Sonne« konstatiert werden kann. Diese Rückgriffe auf scheinbar überlebte Prinzipien der Wort-Ton-Verbindung finden sich gehäuft auch bei einer jungen Komponistengeneration, die in den 70er Jahren nach und nach in das musikalische Geschehen eingriff. Hier sind

— neben anderen — Wolfgang Rihm und Hans-Jürgen von Bose als Vertreter dieser neuen Tendenzen der Vokalmusik zu nennen.

Weiterführende Literatur

Andraschke, Peter: Elektronische Musik und Sprache, in: Dichtung und Musik, Kaleidoskop ihrer Beziehungen (Hrsg. Günter Schnitzler), Stuttgart 1979, S. 281-302

Boulez, Pierre: Sprechen, Singen, Spielen, in: Werkstatt-Texte, Frankfurt 1972, S. 124-141

Burde, Wolfgang: Tradition und Revolution in Henzes musikalischem Theater, in: Melos/NZ 4/1976, S. 271-275

Danuser, Hermann: Die Musik des 20. Jh. (Neues Handbuch der Musikwissenschaft Bd. 7), Laaber 1984

Dreßen, Norbert: Sprache und Musik bei Luciano Berio. Untersuchungen zu seinen Vokalkompositionen (Kölner Beiträge zur Musikforschung Bd. 124), Regensburg 1982

Faltin, Peter: Ästhetisierung der Sprache. Dargestellt an Dieter Schnebels Madrasha II, in: Melos/NZ 4/1978, S. 287-294

Flammer, Ernst Helmut: Form und Gehalt. Eine Analyse von Luigi Nonos »La fabbrica illuminata«, in: Melos/NZ 5/1977, S. 401-411

Gieseler, Walter: Komposition im 20. Jh. Details-Zusammenhänge, Celle 1975
Zur Semiotik graphischer Notation, in: Melos/NZ 1/1978, S. 27-33

Gruhn, Wilfried: Dieter Schnebels »Glossolalie«. Ein Beitrag zum Thema Musik als Sprache — Sprache als Musik, in: Musik und Bildung 12/1972, S. 580-585
Musiksprache — Sprachmusik — Textvertonung. Aspekte des Verhältnisses von Musik, Sprache und Text, Frankfurt 1978
Musikalische Sprachartikulation seit Schönbergs Melodramen Pierrot Lunaire, in: Dichtung und Musik, Kaleidoskop ihrer Beziehungen (Hrsg. G. Schnitzler), Stuttgart 1979, S. 265-280
Musik für Stimmen. Zur Entwicklung der Vokalmusik nach 1945, in: Wort-Ton-Verhältnis. Beiträge zur Geschichte im europäischen Raum (Hrsg. Elisabeth Haselauer), Wien 1981, S. 127-140

Häusler, Josef: Musik im 20. Jh. Von Schönberg zu Penderecki, Bremen 1969

Heinemann, Rudolf: Das neue Musiktheater zwischen Absurdität und Engagement, in: Melos 10/1970, S. 406-412

Henius, Carla: Das undankbare Geschäft mit neuer Musik, München 1974 Erfahrungen mit Luigi Nonos »La fabbrica illuminata«. Dokumente, Arbeitsnotizen und Berichte, in: Melos/NZ 2/1975, S. 102-108

Henneberg, Claus H. (Hrsg.): El Cimarrón. Ein Werkbericht, Mainz 1971

Hirsbrunner, Theo: Die surrealistische Komponente in Pierre Boulez' »Le Marteau sans Maître«, in: NZ 7/1974, S. 420-425

Karkoschka, Erhard: Das Schriftbild der Neuen Musik, Celle 1966

Kaufmann, Harald: Spurlinien. Analytische Aufsätze über Sprache und Musik, Wien 1969

Killmayer, Wilhelm: Sprache als Musik, in: Melos 1/1972, S. 35-41

Klüppelholz, Werner: Sprache als Musik. Studien zur Vokalkomposition seit 1956, Herrenberg 1976
Aufhebung der Sprache. Zu György Ligetis »Aventures«, in: Melos/NZ 1/1976, S. 11-15
Musik als Theologie. Zu Kagels »Rezitativarie«, in: Melos/NZ 6/1977, S. 483-489
Modelle zur Didaktik der Neuen Musik (Materialien zur Didaktik und Methodik des Musikunterrichts Bd. 9), Wiesbaden 1981

Schnebel, Dieter: Sprech- und Gesangsschule (Neue Vokalpraktiken), in: Denkbare Musik. Schriften 1952-1972, Köln 1972, S. 444-457

Stephan, Rudolf (Hrsg.): Über Musik und Sprache (Veröffentlichungen des Instituts für neue Musik und Musikerziehung Darmstadt Bd. 14), Mainz 1974

Stürzbecher, Ursula: Werkstattgespräche mit Komponisten, München 1973

Vogt, Hans (und Mitarbeiter): Neue Musik seit 1945, Stuttgart 1972

Sachregister

Personenregister

Taschenbücher zur Musikwissenschaft

Herausgegeben von Richard Schaal

Auswahl

Hans Günther Bastian
Musik im Fernsehen
Funktion und Wirkung bei Kindern und Jugendlichen. Band 103,
280 Seiten mit zahlreichen Notenbeispielen und Zeichnungen,
kartoniert. — ISBN 3-7959-0469-2

Hermann Beck
Methoden der Werkanalyse in Musikgeschichte und Gegenwart
Band 9, 302 Seiten mit Notenbeispielen, kartoniert.
ISBN 3-7959-0184-7

Wolfgang Boetticher
Einführung in die musikalische Romantik
Band 89, 338 Seiten mit 49 Notenbeispielen und 40 Bildtafeln, karto-
niert. — ISBN 3-7959-0108-1

Carl Dahlhaus/Hans Heinrich Eggebrecht
Was ist Musik?
Band 100, 160 Seiten, kartoniert. — ISBN 3-7959-0465-X

Arnfried Edler/Siegmund Helms/Helmuth Hopf
Musikpädagogik und Musikwissenschaft
Band 111, 348 Seiten mit zahlreichen Zeichnungen, Tabellen und No-
tenbeispielen, kartoniert. — ISBN 3-7959-0479-X

Hans Heinrich Eggebrecht
Heinrich Schütz — Musicus Poeticus
Band 92, 146 Seiten mit Notenbeispielen, kartoniert.
ISBN 3-7959-0410-2

Franz Hermann Franken
Die Krankheiten großer Komponisten
Band 1: Haydn, Beethoven, Bellini, Mendelssohn-Bartholdy, Chopin,
Schumann. Band 104, 304 Seiten mit 60 Bildtafeln, kartoniert.
ISBN 3-7959-0419-6

FLORIAN NOETZEL VERLAG

»Heinrichshofen-Bücher« · Wilhelmshaven

Gotthold Frotscher
Aufführungspraxis alter Musik
Band 6, 176 Seiten mit über 150 Notenbeispielen, kartoniert.
ISBN 3-7959-0072-7

Peter Gradenwitz
Johann Stamitz. Leben — Umwelt — Werke
Band 93 und 94, zusammen 454 Seiten mit zahlreichen Notenbeispielen und 24 Bildtafeln, kartoniert. — ISBN 3-7959-0342-4

Wilfried Gruhn
Wahrnehmen und Verstehen
Untersuchungen zum Verstehensbegriff in der Musik
Band 107, 216 Seiten mit zahlreichen Tabellen und Notenbeispielen, kartoniert. — ISBN 3-7959-0507-9

Walter Kolneder
Antonio Vivaldi
Dokumente seines Lebens und Schaffens
Band 50, 256 Seiten mit zahlreichen Abbildungen, Notenbeispielen und Tabellen, kartoniert. — ISBN 3-7959-0273-8

Wulf Konold
Das Streichquartett
Von den Anfängen bis Franz Schubert
Band 71, 210 Seiten mit zahlreichen Notenbeispielen, kartoniert.
ISBN 3-7959-0210-X

Vera Movsessian/Fedor Seifert
Einführung in das Urheberrecht der Musik
Mit einem Geleitwort des Vorstandes der GEMA
Band 81, 447 Seiten, kartoniert. — ISBN 3-7959-0228-2

August Scharnagl
Einführung in die katholische Kirchenmusik
Ein Überblick über die Geschichte
Band 61, 208 Seiten mit Notenbeispielen, kartoniert.
ISBN 3-7959-0126-X

Bruno Walter
Gustav Mahler
Ein Porträt. Mit einem Vorwort und einer Diskographie, ergänzte Neu ausgabe von Ekkehart Kroher. Band 72, 160 Seiten und 3 Bildtafeln, kartoniert. — ISBN 3-7959-0305-X

Die Reihe wird laufend fortgesetzt.

FLORIAN NOETZEL VERLAG

»Heinrichshofen-Bücher« · Wilhelmshaven